In dieser Reihe sind bisher erschienen:
Maren von Klitzing: Liest du mir was vor? Mit Vorleseglücksrad
Katja Richert: Liest du mir was vor? Gutenachtgeschichten.
Mit Vorleseglücksrad

Originalausgabe
© 2018 Dressler Verlag GmbH, Poppenbütteler Chaussee 53, 22397 Hamburg
ellermann im Dressler Verlag GmbH · Hamburg
Alle Rechte vorbehalten
Einband und farbige Illustrationen von Monika Parciak
Satz: Sabine Conrad, Bad Nauheim
Printed 2018
ISBN 978-3-7707-0069-1

www.ellermann.de

Mascha Matysiak

Liest du mir was vor?

Elfen, Feen, Zauberwesen

Mit Vorleseglücksrad

Bilder von Monika Parciak

ellermann im Dressler Verlag GmbH · Hamburg

Inhaltsverzeichnis

So funktioniert das Vorleseglücksrad

Jetzt macht Vorlesen noch mehr Spaß: Mit dem Vorleseglücksrad auf dem Buchcover entscheidet der Zufall, welche Geschichte als Nächstes vorgelesen wird. Einfach den Zeiger anschnipsen, das kleine Bild im Inhaltsverzeichnis suchen und die entsprechende Geschichte vorlesen.

Und für alle, die sich lieber selbst eine Geschichte aussuchen möchten: Schnell den Zeiger auf dem Buchcover auf das Lieblingsbild stellen, dieses im Inhaltsverzeichnis suchen und die Geschichte vorlesen.

Der Rollentausch

 Lucy ist eine Räubertochter. Eine richtige Räubertochter. Sie trägt braune, dreckige Hosen und Schuhe, die ein Loch bei den Zehen haben. Und ihre Haare stehen in alle Richtungen ab.

Lucy wohnt mit ihren Eltern und einer Horde von Räubern in einer Höhle tief im Wald. Die Höhle ist riesengroß. An der Felswand gibt es viele kleine Nischen, wo sich die Räuber gemütlich eingerichtet haben. Lucy hat eine eigene Nische mit weichen Bärenfellen, auf denen sie nachts schläft. Am Eingang ihrer Nische hängen große Tücher. Die zieht sie abends zu, damit sie ihre Ruhe hat, wenn die Räuber noch bis tief in die Nacht ihre Lieder singen.

In der Höhlenmitte brennt immer ein großes Feuer, um das sich die Räuber zum
Essen versammeln. Oft gibt es Hasen-
oder Hirschbraten. Den essen die Räuber natürlich mit den Fingern. Messer
und Gabeln gibt es bei ihnen nicht.
Genauso wenig wie Servietten. Wenn
man fettige Finger hat, wischt man sie
sich einfach an der Hose ab. Das funktioniert genauso gut wie eine Serviette.
Manchmal bringen die Räuber altes Brot aus

dem Dorf mit. Das mag Lucy ganz besonders gerne.
Es knuspert immer so schön zwischen den Zähnen. So ein Räuberleben ist
schon fein.
Paula ist eine Prinzessin. Eine richtige Prinzessin. Sie hat hübsche Kleider
an und kleine, seidene Schuhe. Ihre Haare sind glatt gebürstet und immer
zu einem Zopf geflochten. Paula wohnt mit ihren Eltern und ganz vielen
Dienern in einem großen Schloss. Dort gibt es Turniere und Ritter und
Pferde. In einem der beiden Schlosstürme ist Paulas riesiges Zimmer. Darin
steht ein goldenes Himmelbett mit Kissen und Decken, die so weich sind
wie eine Badewanne voller Entenfedern. Zum Abendessen isst Paula immer
die feinsten Leckereien. Sie sitzt dann mit ihren Eltern an einer meterlangen
Tafel, und die Diener bringen Platten mit Fischstäbchen, Fleischbällchen,
Nudeln, Soßen und hinterher Pudding, Kuchen und Kekse. Natürlich gibt
es zu jedem Gang ein extra Besteck und Servietten mit Krönchenmuster.
Damit kann man sich den Mund abtupfen. Und zum Händewaschen stehen kleine Wasserschalen bereit. Vor dem Schlafengehen geht Paula immer
in eine heiße Badewanne voller Wasser mit blubberndem Schaum. Wenn sie

dann in ihrem kuschelweichen Himmelbett liegt, schläft sie wie auf Wolken. So ein Prinzessinnenleben ist schon fein.

Und ob ihr es glaubt oder nicht: Räubertochter Lucy und Prinzessin Paula sind die besten Freundinnen. Sie haben sich kennengelernt, als Lucy Waldbeeren gepflückt und Paula gerade einen Ausritt auf ihrem Pony gemacht hat. Und obwohl die beiden so unterschiedlich sind, mochten sie sich sofort.

»Ich zeige dir, wo man die süßesten Beeren findet«, hat Lucy gesagt und Paula zum besten Busch im Wald geführt.

»Und ich zeige dir, wie man ein Pony reitet«, hat Paula gesagt und ihr aufs Pferd geholfen. Zuerst saß Lucy ein bisschen schief darauf, aber mittlerweile ist sie eine gute Reiterin geworden. Und Paula kennt die besten Beerenstellen und die älteste Eiche im Wald. Auf die klettern die beiden Freundinnen immer und futtern gemeinsam ihre frisch gepflückten Beeren.

»Du hast ein tolles Leben«, sagt Paula, als Lucy und sie wieder mal in der alten Eiche sitzen. »Der Wald ist super, und in einer Höhle zu leben muss wahnsinnig spannend sein.« Mit spitzen Fingern schiebt sie sich eine Beere in den Mund.

»Ich finde, du hast ein tolles Leben«, nuschelt Lucy mit vollem Mund. »Dein Schloss sieht so schön aus. Dort zu leben muss total zauberhaft sein.«

»Ha, ich hab eine Idee«, sagt Paula und springt auf. »Lass uns doch tauschen. Ich bin für einen Tag eine Räubertochter und du eine Prinzessin.«

Lucy grinst. Ihr Mund ist ganz lila von den Beeren. »Au ja.«

Zuerst müssen sie den Plan natürlich mit ihren Eltern besprechen.

»Seltsame Idee, aber okay«, sagt Lucys Papa, der Räuberhauptmann.

»Komischer Plan, aber wenn du es willst, dann meinetwegen«, sagt Paulas Papa, der König.

Also wird Prinzessin Paula am nächsten Tag eine richtige Räubertochter. Sie zieht ihr Kleid und ihre Schuhe aus und schlüpft in Lucys Hose. Sie lässt ihr Haar offen und wackelt mit den Zehen, die aus den Schuhen herausschauen. Lucy schlüpft in Paulas hübsches Kleid und kämmt sich ihre Haare. Das ist gar nicht so einfach und ziept ganz fürchterlich.

»Viel Spaß«, rufen sie sich zu, bevor die eine in den Wald spaziert und die andere ins Schloss schlendert.

Paula stromert eine Weile durch den Wald, klettert auf Bäume, schwimmt im Fluss, sammelt Beeren und fängt zusammen mit Lucys Papa ein Wildschwein. Abends sitzt sie mit den Räubern am Lagerfeuer, futtert das saftige Fleisch, schleckt sich ganz unprinzessinnenhaft über die Finger und wischt sie dann an ihrer Hose ab. Danach lauscht sie den spannenden Geschichten der Räuber und lernt sogar ein richtiges Räuberlied.

Irgendwann wird es Zeit zu schlafen. Paula krabbelt in Lucys Nische und kuschelt sich in die weichen Bärenfelle. Eigentlich sind sie ganz gemütlich. Aber sie riechen ein bisschen nach Tier. Und weil die Räuber bis tief in die Nacht laut singen und lachen, kann Paula einfach nicht einschlafen.

Sie sehnt sich nach ihrem gemütlichen Schlafanzug, ihrem goldenen Himmelbett mit den Kissen und Decken, die so weich sind wie eine Badewanne voller Entenfedern.

Lucy geht es ähnlich. Im Schloss lernt sie einen eleganten Hoftanz und darf stundenlang auf dem Pony reiten. Hinterher zeigt Paulas Papa ihr den Saal mit den uralten Ritterrüstungen. Dann probiert sie alle Kleider aus Paulas Kleiderschrank an. Die Dienerinnen flechten ihre Haare und stecken sie hoch, bis sie aussieht wie ein lustiger Lockenpudel. Beim Abendessen gibt es viele Leckereien und einen riesigen Schokokuchen zum Nachtisch. Lucy probiert alles. Außerdem benutzt sie so viel Besteck wie noch nie in ihrem Leben. Sie tupft ihren Mund ab und wäscht ihre Hände in der Wasserschale, genau wie es der König und die Königin tun. Und neben dem meterlangen Esstisch sitzen fünf Musiker, die leise Geige spielen.

Vor dem Schlafengehen darf Lucy noch in die goldene Badewanne mit dem blubbernden Schaum. Später kuschelt sie sich in das große Himmelbett. Eigentlich ist es sehr gemütlich, aber Lucy kann nicht schlafen. Sie fühlt sich ein bisschen einsam. Es ist still im Schloss, und vom vielen Futtern hat sie schreckliche Bauchschmerzen. Ihr fehlen der Räubergesang ihrer Familie und ihre weichen Bärenfelle.

Am nächsten Morgen treffen sich Lucy und Paula am Rand vom Schlossgarten, dort, wo der Wald anfängt.

»Für einen Tag Räubertochter sein ist ja nicht schlecht«, sagt Paula, schlüpft in ihr Kleid und kämmt sich die Haare. »Es war wahnsinnig spannend, aber ich bin froh, dass ich jetzt wieder eine Prinzessin bin.«

Lucy grinst. Sie klettert in ihre Hose und zieht die Schuhe mit den Löchern an, in denen sie so schön mit den Zehen wackeln kann. »Für einen Tag Prinzessin sein ist auch nicht schlecht. Es war total zauberhaft, aber ich bin froh, dass ich jetzt wieder eine Räubertochter bin.«

Die Freundinnen umarmen sich. Und dann geht Lucy glücklich in den Wald zu den Beerenbüschen, ihrer Höhle, dem Lagerfeuer und den singenden Räubern. Und Paula geht zufrieden in das Schloss zu den vielen Dienern, dem leckeren Essen, ihrer goldenen Badewanne und dem Turmzimmer mit ihrem federweichen Himmelbett.

Und morgen treffen sie sich wieder an der alten Eiche, klettern rauf und futtern gemeinsam jede Menge Waldbeeren.

Elfe Lilly zieht aus

»Lilly, du hast schon wieder Blütenstaub mit reingebracht«, meckert Monia. Die Mohnelfe steht in der Tür von Lillys Zimmer. In der Hand hält sie einen kleinen Stab, um den sie jede Menge bauschige Spinnennetzfäden gewickelt hat. Damit wedelt sie herum und fängt sämtliche Staubkörner ein, die sie finden kann. Mit gerümpfter Nase wischt sie über das Farnblatt, das Lillys Schreibtisch ist. Dann nimmt sie das Buch, das darauf liegt, klopft es ab und stellt es ins Korbregal zurück.

»Erstens hab ich keinen Staub reingebracht«, sagt Lilly. »Ich habe extra meine Flügel geputzt, als ich von draußen reingekommen bin. Und zweitens ist das hier mein Zimmer. Ich mag es so, wie es ist. Also lass bitte mein Buch liegen.«

»Aber bei dir ist es immer so unordentlich«, beschwert sich Monia.

Da schwebt auf einmal Rosalia ins Innere der Baumhütte. »Hallihallo«, ruft die kleine Rosenelfe. Sie wohnt auch in der Blumenelfen-WG. Ihr rosa Kleid flattert, und ihre rosa Haare glitzern in der Sonne, die durch das Fenster scheint. »Ich habe eingekauft.« Rosalia legt einen Berg von Einkaufstaschen auf das Sofa und packt eine nach der anderen aus. »Hier ist ein neuer roter Teppich für unser Wohnzimmer, ein Tischtuch mit aufgestickten Rosen, und schaut mal, was ich für einen wunderbaren lila Bilderrahmen für unsere Wand gefunden habe.«

14

»Hübsch«, sagt Monia und wedelt mit ihrem Stab aus Spinnennetzfäden über Lillys Kommode.

»Ja, nicht wahr?« Rosalia zieht ein pinkes Kissen hervor und überreicht es Lilly. »Das ist für dich. Dein altes Kissen ist so, ähm, farblos. Das kannst du jetzt wegwerfen.«

In Lillys Bauch grummelt es vor Wut. Rosalia weiß ganz genau, dass sie ihr altes Kuschelkissen liebt. Es ist hellgelb und hat ein Lilienmuster. Lilien sind Lillys Lieblingsblumen. Ist ja klar, denn immerhin ist sie eine Lilienelfe. Es stimmt, dass die Farbe auf ihrem Kissen schon ein bisschen ausgeblichen ist. Aber das ist ihr egal.

»Ich werfe mein altes Kissen nicht weg«, sagt sie mit fester Stimme. Eingeschnappt wühlt Rosalia in ihrer Tüte. »Auch gut, aber nimm wenigstens diese zwei Vasen hier und stell sie auf die Fensterbank. Dann ist dein Zimmer deutlich schöner.«

»Die sind aber knallrosa«, beschwert sich Lilly.

Rosalia nickt. »Natürlich sind sie das. Ich bin eine Rosenelfe und liebe alle roten und pinken Töne. Davon kann ich nicht genug kriegen.«

»Aber ich«, ruft Lilly. Sie hat die Nase voll. Rosalias Farbentick und Monias Putzfimmel gehen ihr mächtig auf die Nerven. Kurzerhand schnappt sie sich ihre Tasche und stopft ihr Kuschelkissen hinein. Wütend flitzt sie zur Haustür. »Ich ziehe aus.«

»Wie bitte?« Rosalia und Monia folgen ihr verwundert.

»Du spinnst doch«, sagt Rosalia und tippt sich an die Stirn.

Auch Monia findet Lillys Entscheidung übertrieben. »Nur, weil du dein Kuschelkissen wegwerfen und mehr Ordnung halten sollst?«

»Ganz genau«, sagt Lilly. Sie flattert den Baum hinunter und verschwindet, noch bevor ihre Freundinnen sie aufhalten können. Überall ist es besser als in der Blumenelfen-WG, so viel steht fest. Ziellos fliegt Lilly umher und entdeckt irgendwann eine wunderschöne Lilie, auf die sie sich setzt. Die Blume riecht herrlich süß nach Honig und Holunderblütenmarmelade. Der Duft und die sanften Sonnenstrahlen, die Lilly auf der Nase kitzeln, beruhigen sie endlich. Jetzt können ihre Freundinnen in der Wohnung machen, was sie wollen. Das ist Lilly ab sofort total egal.

Langsam verschwindet die Sonne hinter den hohen Eichen. Es dämmert. Die Bienen schleppen ihren Nektar nach Hause. Die Vögel kehren in ihre Nester zurück. Und auch alle anderen Waldbewohner bereiten sich auf den Abend vor.

Lilly überlegt, wo sie heute Nacht schlafen soll. Vielleicht fragt sie einfach mal beim Bären nach? Der hat eine große Höhle. Und nett ist er auch. Nach ein paar kräftigen Flügelschlägen ist Lilly auch schon da. »Hallo Babo«, sagt sie und klopft vorsichtig an die Bärenhöhle. »Darf ich bei dir übernachten? Ich bin zu Hause ausgezogen.«

Der Bär erscheint am Eingang der Höhle. »Natürlich«, sagt er und winkt sie herein. Er hat sich ein Lager aus Blättern gebaut. Das sieht gemütlich aus, kuschelig, weich und … oh, Lilly schnüffelt. Ihre Nase kribbelt plötzlich ganz doll. Das Bärenbett sieht zwar toll aus, aber es muffelt. Modrig und matschig und nach ungewaschenen Bärenfüßen.

Babo setzt sich hin und lächelt Lilly an. »Komm her, hier ist noch Platz.« Er rollt sich zusammen und sinkt sofort in tiefe Bärenträume. Unschlüssig zieht Lilly ihr Kissen aus der Tasche und legt sich neben ihn. Sie dreht sich

nach rechts. Sie dreht sich nach links. Irgendwann setzt sie sich wieder hin. Sie hat schon richtige Kopfschmerzen von dem Gestank. Nein, hier kann sie unmöglich bleiben. Vielleicht stört der Geruch Babo nicht. Aber für eine feine Elfennase ist er unerträglich.

Um den Bären nicht zu wecken, flattert Lilly elfenleise nach draußen. Da ist es schon richtig dunkel geworden. Erste Sterne funkeln am Himmel. Vielleicht kann ich bei Fitzel unterkommen, überlegt Lilly. Der Baumelf ist ein guter Freund. Und in seinem Haus hoch oben in der alten Eiche stinkt es ganz sicher nicht.

»Hey Fitzel, bist du noch wach?«, fragt sie, nachdem sie die alte Eiche erreicht hat.

Fitzel schiebt seinen Kopf mit der grünen Zipfelmütze aus der Tür. »Klar, komm hoch.«

 18

Lilly flattert zu ihm rein. »Ich würde gerne bei dir übernachten. Ich bin nämlich zu Hause ausgezogen«, sagt sie.

Fitzel kichert. »Ausgezogen, das ist ja lustig.«

Lilly findet das eigentlich gar nicht lustig. Sie sehnt sich nach ihrem kuscheligen Bett und gähnt kräftig. Nach all der Aufregung ist sie ganz schön müde geworden. Deshalb holt sie ihr Kissen aus der Tasche und wickelt sich in die weiche Decke, die auf dem Sofa liegt.

»Hey, lass uns noch was spielen«, sagt Fitzel. »Vielleicht wettfliegen? Das macht Spaß.«

Lilly schüttelt den Kopf. »Ich will lieber schlafen.«

»Och nee.« Wieder kichert Fitzel und pikt ihr in die Seite. »Das ist doch total langweilig. Komm, wir kitzeln uns so lange, bis wir vor Lachen Bauchweh kriegen, ja?«

19

»Ich bin aber wirklich müde«, sagt Lilly und dreht sich auf die andere Seite. Sie hatte ganz vergessen, dass Fitzel die ganze Nacht wach ist und immer erst im Morgengrauen ins Bett geht.

»Wie wäre es mit Verstecken spielen?«, schlägt der Baumelf vor. »Gleich kommt auch noch mein Freund Knurz vorbei. Wir wollten Karten spielen und frischen Bienenhonigtee trinken.«

Lilly seufzt. So geht das nicht. Sie schält sich aus der Decke und setzt sich wieder hin. »Ich glaube, dann gehe ich doch lieber. Ich will euch nicht stören.«

»Du störst mich nicht«, ruft Fitzel ihr hinterher.

Du mich aber, denkt Lilly und flattert hundemüde runter auf den Boden. Wo soll sie denn jetzt bloß hin?

Sie könnte vielleicht beim Troll nachfragen, ob der noch ein Schlafplätzchen frei hat. Doch als Lilly dort ankommt, schallen donnerlaute Schnarcher aus der Trollhöhle. Da wird Lilly bestimmt kein Auge zutun. Mit letzter Kraft schleppt sie sich unter einen der roten Pilzhüte mit den weißen Punkten. Sie macht es sich im weichen Moos gemütlich und schließt die Augen. Endlich kann sie in Ruhe schlafen.

Nein, das kann sie leider nicht! Es raschelt mal hier. Es knackt mal dort. Und einmal, als Lilly in die dunkle Nacht hinausblinzelt, glänzen sogar die Augen einer Maus durchs Unterholz. Lilly zieht sich ihre Decke aus Moos bis über die Nase. Doch sie gruselt sich schrecklich, und das Herz klopft ihr bis zum Hals.

Als die ersten Lichtstrahlen durch die Baumkronen schimmern, hat sie noch immer keine Ruhe gefunden. Träge wischt sie sich über das Gesicht und wünscht sich nur eines: ihr eigenes Bett in ihrer Baumhütte bei ihren Freundinnen. Dort stinkt es nicht. Dort bleibt niemand die halbe Nacht wach und will mit ihr spielen. Dort schnarcht keiner, und es knackt und raschelt

auch nicht. Obwohl sie sich über ihre Freundinnen geärgert hat, ist es in der Blumenelfen-WG tausendmal schöner als woanders. So viel steht fest.

Mit letzter Kraft fliegt sie zurück zu ihrem Baum. Hier warten Monia und Rosalia schon auf sie. »Ich stelle deine rosa Vasen auf mein Fensterbrett«, sagt Lilly zu der Rosenelfe. »Und ich verspreche dir, noch weniger Dreck zu machen«, sagt sie zu Monia. »Nur lasst mich bitte wieder einziehen.«

»Natürlich«, sagt Rosalia. »Es tut mir so leid, dass ich gesagt habe, du sollst dein altes Kissen wegwerfen. Das war doof von mir.«

»Du hattest recht«, sagt Monia. »Ich übertreibe es manchmal wirklich mit dem Putzen. Du hast uns gefehlt. Wir konnten überhaupt nicht schlafen, weil wir uns solche Sorgen um dich gemacht haben.«

Erst jetzt bemerkt Lilly, dass ihre Freundinnen ganz kleine und müde Augen haben.

Die drei umarmen sich und kuscheln sich auf das rosarote Sofa im Wohnzimmer.

»Wo hast du bloß gesteckt?«, fragt Rosalia und gähnt.

»Was hast du denn erlebt?«, wispert Monia müde.

Lilly antwortet nicht. Sie schläft schon tief und fest. Rosalia und Monia grinsen sich an. Und im nächsten Moment sind auch sie eingeschlafen.

Pauline Pulverfass

 »Potzblitz, ich will nicht in die Schule!« Pauline verschränkt die Arme vor der Brust. »Da machen wir heute schlechtes Wetter, und das mag ich nicht.«

»Aber du bist nun mal eine Wetterfee«, sagt ihre Mutter streng. »Deshalb musst du sowohl gutes als auch schlechtes Wetter zaubern können.«

Doch Pauline sieht das anders. Blumen, die in der Sonne leuchten, gefallen ihr tausendmal besser als Regenwolken und Windböen. Und sie liebt den Sommer, wenn alles warm und schön ist. Die Vögel zwitschern, die Bienen summen, die Bären liegen faul unter den Bäumen. Und genau so ist es im Moment. Warum soll sie das kaputt machen, nur weil schlechtes Wetter ein dummes Schulfach ist?

Als würde die Sonne ihre Gedanken lesen, schickt sie ein paar extrawarme Sonnenstrahlen zu Pauline runter. Die hält ihr Gesicht nach oben und genießt die Wärme. Leider scheucht ihre Mutter sie zur Schule. Ob sie will oder nicht.

»Heute üben wir mal ein richtig herrliches Donnerwummern«, sagt die Lehrerin Frau Hagelsturm. Sie ist mit der Klasse auf den Berg hinter der Feenschule gegangen. Dort führt sie vor, was die kleinen Feen gleich üben sollen. Bei dem Donnerknall, den sie verursacht, zuckt Pauline zusammen.

»Potzblitz, ist das laut.« Auch ihre Mitschüler erschrecken sich. Manche
halten sich sogar die Ohren zu.
Frau Hagelsturm wirbelt ihren
Zauberstab durch die Luft. »Ihr
solltet natürlich auch ein paar
deftige Blitze hinterherschi-
cken«, sagt sie. Im nächsten
Moment sausen helle Blitze
durch den Himmel. Sie zischen
und britzeln, wispern und knistern.
»Nun seid ihr dran. Zeigt mir, was
ihr schon könnt.«

Paulines Mitschüler legen los. Sie versuchen,
dunkle Wolken herbeizuzaubern. Pauline aber hat
immer noch keine Lust. Sie lässt lieber eine hübsche Rosenhecke wach-
sen. Hm, die Blumen duften lecker wie süße Kirschen und Zuckerhonigbonbons. Ob Pauline vielleicht auch ein paar Gänseblümchen zaubern
sollte, aus denen sie sich einen Kranz für ihren Kopf basteln kann?
»Pauline Pulverfass!«, mahnt ihre Lehrerin und runzelt ärgerlich die Stirn.
»Ich will keine Blumen von dir sehen, sondern dicke, fette Regenwolken!«
Pauline seufzt. »Na gut, ein klitzekleines Wölkchen mit Nieseltropfen kann
ich ja mal versuchen.« Sie schwingt ihren Zauberstab und lässt es sanft regnen. Kleine, feine Wasserfäden fallen auf die Erde und die Rosenhecke.
»Nicht so zaghaft«, meckert Frau Hagelsturm. »Und wo ist dein Donner-
wummern?«
Einen Moment lang überlegt Pauline, ob sie über dem Kopf ihrer Lehrerin
einen Platzregen zaubern soll, damit sie endlich Ruhe gibt. Aber das traut

sie sich nicht. Also lässt sie es gemeinsam mit ihren Mitschülern krachen. Gelbe Blitze sausen durch die Luft. Sie zischen und britzeln, wispern und knistern. Eigentlich sieht das Spektakel am Himmel gar nicht so schlecht aus, findet Pauline. Fast wie ein richtiges Feuerwerk. Dicke Regentropfen platschen auf die Erde und sammeln sich dort in Pfützen. Die Eichhörnchen springen fröhlich von den Bäumen und hüpfen hinein. Pauline und die anderen Feenkinder ziehen ihre Schuhe aus und laufen durch den weichen Matsch. Das kitzelt lustig zwischen den Zehen. Einige Feenschüler lassen es sogar hageln. Sie sammeln die Körner auf und bewerfen sich gegenseitig damit. Auch die Bären kommen auf den Berg. Weil sie so ein dickes

Fell haben, war ihnen in der letzten Zeit ziemlich
heiß. Jetzt freuen sie sich über die kühlen Hagel-
körner und schrubben ihr Fell an den Bäumen.
»Gut so«, sagt Frau Hagelsturm zufrieden. »Ihr
könnt das schlechte Wetter jetzt langsam beenden.«
Als die Blitze aufhören, kommen die Vögel aus ihren Verstecken. Sie breiten die Flügel aus und lassen
sich vom Wind hoch in den Himmel tragen. Sie
drehen kleine Saltos und spielen Fangen.
Pauline schwingt ein letztes Mal ihren Zauberstab
und lässt die graue Wolke über ihrem Rosenbusch
endgültig verschwinden. Nun scheint die Sonne wieder, und die Rosen verteilen ihren süßlichen Duft.
Täuscht Pauline sich, oder ist er seit dem Regen stärker

geworden? Ja, ganz sicher. Hier riecht es nun viel mehr nach süßen Kirschen und Zuckerhonigbonbons. Hm, lecker. Pauline steht noch immer in der Wasserpfütze. Alles um sie herum ist nass. Die Wassertropfen hängen an den Büschen, im Gras und in den Blumen. Sie rinnen aus dem Fell der Tiere und von den Haaren der Feen. Und dabei glitzern sie in der Sonne wie der allerschönste Feenstaub. Das sieht wirklich toll aus.

Potzblitz, vielleicht ist so ein Unwetter ab und zu doch nicht so schlecht, denkt Pauline. Natürlich gefallen ihr Blumen, die in der Sonne leuchten, trotzdem tausendmal besser als Regenwolken und Windböen. Sie blinzelt in den Himmel und lässt ihr Gesicht von der Sonne wärmen.

Die zauberhafte Kiste

 Susi ist mit ihrer Oma im Garten. Vorhin haben sie einen ganzen Kasten voll bunter Blumen gekauft. Die wollen sie jetzt eingraben.

Mit ihrer Schaufel buddelt Susi fleißig Löcher in die Erde. Puh, dabei wird ihr ganz schön warm.

»Wir müssen uns beeilen.« Oma zeigt hinauf in den Himmel, wo sich mehrere dunkle Wolken sammeln. »Bestimmt regnet es bald.«

So schnell sie kann, schaufelt Susi weiter. Doch plötzlich macht es *Plöng*, und es geht nicht weiter. Da ist etwas Hartes in der Erde. Mit den Fingern buddelt Susi weiter und holt schließlich eine kleine Kiste heraus. Sie ist grün und am Rand schon ganz rot vom Rost.

»Ich habe einen Schatz gefunden«, jubelt Susi.

Lächelnd legt Oma ihr Gartenwerkzeug weg und setzt sich neben ihre Enkeltochter. »Die Kiste gehört mir«, erklärt sie. »Darin habe ich Erinnerungsstücke von meinen Weltreisen aufbewahrt.«

Susi wusste gar nicht, dass ihre Oma so weit gereist ist, als sie noch jung war. Neugierig öffnet sie die Kiste. Ein samtiges Tuch verdeckt die Schätze, die sich darin befinden. Mit den Fingerspitzen schiebt Susi es beiseite. Darunter liegen eine schimmernde Perle, ein roter Strumpf und ein Knochen. »Die hast du von deinen Reisen mitgebracht?«, will Susi wissen. Irgendwie sind das komische Mitbringsel.

Oma nickt. Sie nimmt die Perle heraus und dreht sie in ihren Fingern.

Als ein paar Sonnenstrahlen durch die Wolken blitzen, schimmert die Perle in den schönsten Regenbogenfarben. Oma lächelt geheimnisvoll. »Die Perle hier habe ich von einer Nixenprinzessin geschenkt bekommen.«

»Von einer echten Nixenprinzessin?« Susi runzelt die Stirn, doch Oma erzählt schon weiter:

»Ja, genau. Ich habe damals eine lange Reise auf dem Amazonas gemacht. Das ist ein Fluss, der durch den Urwald führt. Dort habe ich die Nixenprinzessin getroffen.«

»In einem Fluss im Urwald hast du eine Nixe getroffen?«, fragt Susi. Sie kommt sich schon fast vor wie ein Papagei, weil sie ständig Omas Worte wiederholt. Aber die Geschichte klingt einfach zu sonderbar.

»So ist es«, sagt Oma und nickt.

»Und wieso hat dir die Nixe eine Perle geschenkt?«, will Susi wissen.

»Nun, sie hatte ein Problem. Und ich habe ihr geholfen. Eigentlich lebte sie nämlich im Meer. Um genau zu sein, im Atlantischen Ozean. Doch eines Tages beschloss die Nixe, die Welt kennenzulernen.« Oma lächelt und streicht über die Perle. »Deshalb ist sie zu einer Flussmündung geschwommen und ihr gefolgt. Mitten hinein in den Urwald. Irgendwann teilte sich

der Fluss. Und dann teilte er sich wieder und wieder. Die Nixenprinzessin bog mal hier ab und schwamm mal in die eine und dann wieder in eine andere Richtung. Dabei verlor sie die Orientierung. Sie verschwamm sich vollkommen und fand nicht mehr zurück ins Meer. Ich entdeckte sie weinend an einem kleinen Wasserfall. Sie saß auf einem Stein, und ihr schuppiger Schwanz glänzte genauso schön wie diese Perle hier.«

Susi hat Mitleid mit der armen Nixenprinzessin. Wenn sie sich verschwimmen würde, wäre sie bestimmt auch verzweifelt. Quatsch, sie kann sich ja gar nicht verschwimmen. Sie lebt ja nicht im Wasser. Aber verlaufen könnte sie sich schon.

»Jedenfalls habe ich daraufhin mein Boot gewendet und bin zum Meer gefahren«, erzählt Oma. »Die Nixenprinzessin ist die ganze Zeit neben mir hergeschwommen, und so habe ich ihr den Weg nach Hause gezeigt.«

Susi fragt sich, woher Oma den Weg so genau kannte und ob es in diesem Fluss keine gefährlichen Krokodile gab, die die Nixenprinzessin angreifen wollten. Aber sie will Oma nicht unterbrechen.

»Das war eine Freude, sage ich dir«, erzählt die weiter. »Der Nixenkönig hatte seine Tochter schon ganz doll vermisst. Zum Dank machte mir die Nixenprinzessin dieses Geschenk.«

»Und was ist mit dem roten Strumpf und dem Knochen?«, will Susi wissen. Sie wischt sich einen Tropfen von der Stirn, der plötzlich vom Himmel gefallen ist. Die Wolken sind noch dunkler geworden. Nun fängt es richtig an zu regnen.

Eilig legt Oma die Perle wieder in die Kiste zurück und steht auf. »Das ist kein Knochen, sondern der Zahn von einem Riesen, den ich mal besiegen musste. Und der rote Strumpf gehörte einem Zwerg.« Sie reicht Susi die Hand und zieht sie hoch. »Aber das erzähle ich dir ein anderes Mal. Jetzt gehen wir schnell in die Küche und trinken einen heißen Kakao. Und nachher, wenn es wieder aufgehört hat zu regnen, graben wir noch die restlichen Blumen ein.«

Susi folgt ihrer Oma ins Haus. Die Kiste hält sie dabei fest in den Händen. Ob die Perle wirklich das Geschenk einer Nixenprinzessin war, die sich verschwommen hatte? Und der Knochen wirklich der Zahn von einem Riesen ist? Und ob dieser kleine, rote Strumpf wohl tatsächlich einem Zwerg gehörte? So ganz kann Susi das alles nicht glauben. Aber eine schöne Vorstellung ist es schon.

Maya und Ritsch,
eine tierische Freundschaft

»Warum soll ich Ritsch nicht besuchen?«, fragt Maya und stampft wütend mit dem Fuß auf. Sie hatte sich schon so auf den gemeinsamen Tag mit ihrer besten Freundin gefreut.

»Weil es sich für eine Mausprinzessin nicht gehört, mit einer Ratte befreundet zu sein, mein Kleines. Überhaupt gehört sich das für gar keine Maus.« Kunigunde rümpft ihr spitzes Näschen und schüttelt den Kopf. Sie ist die Mäusekönigin und Mayas Mutter.

»Das stimmt«, findet auch Mayas Schwester Rosalind. »Ratten passen einfach nicht zu uns.«

Das Zuhause der Mäuse steht auf dem Dachboden eines uralten Hauses. In einem Küchenschrank mit vielen Schubladen und Fächern hat sich der König mit seinem Mäusevolk eingenistet. Natürlich leben auf dem Dachboden nicht nur die Mäuse. Auch das Rattenmädchen Ritsch hat dort mit seiner Familie eine Bleibe gefunden. Sie wohnen direkt hinter dem Schrank in einem Rohr in der Wand.

»Wann hörst du endlich auf, dich mit dieser dicken, unfeinen Ratte abzugeben?«, fragt Rosalind.

»Gar nicht«, antwortet Maya. »Ich mag Ritsch. Sie ist meine beste Freundin, und ich werde sie immer mögen.« Sie tapst einfach an ihrer Mutter und ihrer Schwester vorbei aus der unteren Schublade heraus. Ritsch ist anders als sie, das stimmt. Ratten sind größer als Mäuse. Und sie sehen vielleicht nicht so elegant aus, haben kräftigere Pfoten, größere Zähne und einen dickeren Schwanz. Aber deshalb sind sie noch lange nicht doof oder unfein. Das wüssten ihre Mutter und ihre Schwester auch, wenn sie sich die Mühe machen würden, Ritsch besser kennenzulernen. Aber das wollen sie ja gar nicht. Sie wollen bloß meckern und ihre spitzen Näschen rümpfen. Am liebsten würde Maya ihnen jetzt die Zunge rausstrecken.

»Hey, da bist du ja endlich.« Ritsch wartet bereits. Sie sitzt draußen auf dem Dachsims und lächelt Maya an. »Das hat ja lange gedauert heute.«

»Tut mir leid.« Maya setzt sich neben ihre Freundin und seufzt. »Meine Mutter und meine Schwester haben mich aufgehalten.«

Ritsch zieht einen Kekskrümel hervor, den sie im Haus unten stibitzt hat, gibt Maya ein Stück ab und beißt genüsslich hinein. »Lass mich raten«, knuspert sie. »Die beiden haben mal wieder gesagt, dass du aufhören sollst, dich mit mir zu treffen, weil ich eine Ratte bin?«

»So ungefähr.« Maya wirft ihrer Freundin einen unsicheren Blick zu. Wenn jemand so schlecht über sie reden würde wie Kunigunde und Rosalind über Ritsch, dann wäre sie ziemlich traurig. Zum Glück scheint Ritsch sich nicht darüber zu ärgern. Das Rattenmädchen steht auf und beginnt ihr Lieblingsspiel: Dachschindelhopsen. Maya folgt ihr. Zusammen hüpfen sie von einer Schindel zur anderen und müssen dazwischen immer eine auslassen. Das ist ganz schön schwierig. Und es macht einen Heidenspaß. Später zählen Maya und Ritsch die Hunde, die unten auf der Straße Gassi geführt werden. Dann basteln sie Fantasiefiguren aus den Blättern des Baumes, der bis zur Dachrinne reicht. Dabei erfinden sie jede Menge Witze. Und bald können sich die beiden Freundinnen vor Lachen kaum noch halten.

Als die Sonne hinter dem Schornstein verschwindet, wird es Zeit, nach Hause zu gehen. Die beiden machen sich auf den Weg zurück zum Dachboden.

Gerade als Maya und Ritsch durch die Luke hinunter auf den Boden springen wollen, entdecken sie den Hauskater Norbert. Er sitzt gleich neben dem Mäuseschrank. Wie kommt der denn hier rein? Eigentlich ist die Tür zum Dachboden immer geschlossen, sodass die Mäuse ihn hier oben nicht fürchten müssen. Nun steht sie einen Spalt offen. Norbert konnte also hereinspazieren.

»Hier seid ihr ja alle«, miaut er mit gesträubtem Fell. Ängstlich schauen die Mäuse aus den Schubladen und Fächern heraus. Ihre Augen sind vor Schreck ganz groß. Sogar Mayas Vater, dem Mäusekönig, zittern die Barthaare. Er steht auf der großen Ablage des Küchenschranks.

»Tu uns nichts«, wimmert Kunigunde.

»B-b-b-bitte«, fiept Rosalind.

Die beiden Mäusedamen haben es nicht rechtzeitig in den sicheren Schrank geschafft. Sie stehen eingequetscht in einer Ecke des Dachbodenzimmers. Norbert versperrt ihnen den Weg.

»Wir müssen etwas unternehmen«, flüstert Ritsch Maya ins Ohr. Die nickt, auch wenn sie keine Ahnung hat, was sie tun könnten. Doch da ist Ritsch schon auf den Boden gesprungen. Todesmutig geht sie auf den Kater zu.

»Lass die Mäuse in Ruhe«, sagt sie mit fester Stimme und zeigt ihm ihre langen Zähne. Mit denen kann sie kräftig zubeißen, wenn es sein muss. Norbert dreht sich überrascht um. Jetzt könnten Kunigunde und Rosalind eigentlich abhauen, denkt Maya und winkt ihnen wie verrückt zu. Doch die beiden sind vor Angst ganz starr. Sie rühren sich keinen Millimeter. Norbert betrachtet das Rattenmädchen einen Moment lang. Doch bevor er auf die Idee kommt, Ritsch anzugreifen, springt Maya neben ihre Freundin. Sie wird sie ganz bestimmt nicht alleine gegen Norbert antreten lassen. »Verschwinde«, sagt sie. »Der Dachboden gehört dem Mäusevolk und der Rattenfamilie.«

»So ist es«, sagt Mayas Vater plötzlich. Auch er ist vom Schrank auf den Boden gehüpft. Weil Ritsch, Maya und sogar der Mäusekönig keine Angst vor Norbert zeigen, trauen sich nun noch mehr Mäuse aus ihren Verstecken heraus. Sie sammeln sich vor Norbert und zeigen ihm ihre Zähne. Genau wie Ritsch es tut. Zwar sind ihre Zähne viel kleiner als die von Ritsch, aber

Norbert erschreckt sich trotzdem. Mit so viel Gegenwehr hat er nicht gerechnet.

»Ich, ähm«, stottert er und rutscht langsam zum Türspalt zurück, »ich gehe dann mal besser.« Und schon ist der Kater davongehuscht.

Ritsch läuft ihm hinterher und schiebt die Tür zu. »Puh«, sagt sie, »den sind wir los.«

Die Mäuse jubeln. Gemeinsam haben sie es geschafft, den Kater zu vertreiben.

»Ohne dich hätte er uns bestimmt angegriffen«, sagt Kunigunde zu Ritsch. Sie dribbelt aus ihrer Ecke und lächelt. »Zum Glück hast du so lange Zähne und bist so stark.«

»Du bist wirklich mutig«, fügt Rosalind hinzu.

»Ach, na ja«, sagt Ritsch, als wäre es nichts Besonderes gewesen. Doch natürlich wissen es die Mäuse besser. Sie haben es allein Ritsch zu verdanken, dass die Sache gut gegangen ist.

Maya grinst. Ihre Freundin ist vielleicht nicht so fein und elegant wie eine Maus. Dafür ist sie aber tausendmal mutiger und stärker. Das wusste sie schon immer, und endlich haben es die anderen auch erkannt. Eins ist jetzt allen klar: Mäuse und Ratten sind ein echt gutes Team.

Ariana und das Meerjungfrauenballett

»Flaschendreck und Kugelfischmist«, meckert Ariana.
Ihre drei Schwestern hören mit den Tanzübungen auf und sehen
sie böse an.

»Was schimpfst du denn so fürchterlich?«, will Leila wissen. Sie ist die
älteste von Arianas Schwestern und hat langes, blau schimmerndes Haar,
passend zu ihrem türkisfarbenen Fischschwanz. »So was sagt eine Meerjungfrau-Prinzessin nicht.«

»Ist mir egal«, antwortet Ariana. »Ich habe sowieso keine Lust, diesen
blöden Tanz zu lernen.«

»Das ist doch nicht schwer«, sagt ihre zweite Schwester Lilette.
Die hat gut reden, denkt Ariana wütend. Lilette wirbelt nur so durch das
Wasser und hat ihre Schwanzflosse meisterhaft unter Kontrolle. Beim Tan-
zen sieht sie aus wie hauchzarter Seetang, der durch die Wellen schwebt.
Letztes Jahr hat sie sogar den Meerjungfrauen-Tanzwettbewerb gewonnen.
Klar, dass ihr die Tanzübungen für das morgige Fest so leichtfallen. Ihr
Vater, der König der Meere, hat Geburtstag. Und nahezu jeder Meeres-
bewohner ist zu der Feier eingeladen. Arianas Schwestern wollen ihren Vater
mit der Wasserballett-Vorführung überraschen. Dummerweise kriegt Ariana
diese kleinen, feinen Bewegungen einfach nicht richtig hin. Zwischen ihren
Schwestern fühlt sie sich wie ein trotteliger Walfisch.

»Ich zeig's dir noch mal«, sagt Sheila, Arianas dritte Schwester. Sie ist die liebste und kümmert sich immer um ihre kleine Schwester. »Schau mal: Schwanz nach links, Arme hoch. Schwanz nach rechts, Arme zur Seite. Dann kommt die Drehung. Und wieder: Schwanz nach links, Arme hoch. Schwanz nach rechts, Arme zur Seite. Dabei immer schön darauf achten, dass wir alle in einer Reihe bleiben.« Ariana macht es ihrer Schwester nach, und Leila klatscht mit zwei Muscheln den Takt. »Du musst schneller sein«, ruft sie. »Zähl mal mit: eins und zwei und drei und vier.«

»Vergiss nicht zu lächeln und Papa bei der zweiten Drehung zuzuwinken«, fügt Lilette hinzu.

Ariana gibt auf. Sie lehnt sich gegen einen Unterwasserfelsen. Ständig verwechselt sie rechts und links. Und diesen doofen Muschel-takt kann sie auch nicht leiden. Viel lieber würde sich Ariana drehen wie der Wind, wenn er auf die Wasseroberfläche peitscht. Sie möchte hüpfen wie eine Möwe beim Landeanflug auf eine Sanddüne und Purzelbäume schlagen wie eine Welle, wenn sie ans Ufer schwappt. Dabei will sie weder mitzählen noch lächeln, noch winken.

»Flaschendreck und Kugelfischmist«, schimpft sie erneut. Und ihre Schwestern machen wieder böse Gesichter.

»Morgen beim Fest müssen wir perfekt sein«, sagt Leila. Dann schwimmt sie davon. Auch Lilette und Sheila ver-abschieden sich. Ariana bleibt alleine zurück. Sie muss den Tanz noch einmal üben.

»Du Arme«, blubbert Pips. Er ist ein Kugelfisch, Arianas bester Freund und der Einzige, der sie versteht. Auch er findet die Tanzabfolge verwirrend. Vorhin, als Lilette mal sauer wurde, hat er sich vor Schreck aufgepustet. Das macht Pips immer, wenn er Angst kriegt. Er wird dann von einer Sekunde auf die andere ganz groß und kugelrund.

Ariana musste deshalb so doll lachen, dass ihr Bauch wehtat. Aber jetzt ist ihr gar nicht zum Lachen zumute. Sie sieht Pips traurig an. Der lächelt aufmunternd. »Du kriegst das schon hin«, tröstet er sie. »Da bin ich mir ganz sicher. Ich bin morgen beim Fest gleich hier neben dem Seegras-Busch und drücke dir die Flossen. Und wenn du etwas falsch machst, dann tu einfach so, als wäre es geplant. Lass dir nichts anmerken, und benutze deine Fantasie.«

»Ich versuche es«, verspricht Ariana.

Am nächsten Tag sind die Meeresbewohner schon früh wach und bereiten die Feier vor. Die Kraken befestigen überall bunte Muschelketten. Starke Meermänner schleppen einen goldenen Thron für den König auf den Platz. Auch eine kleine Bühne aus Steinen wird aufgebaut. Dort führen Ariana

und ihre Schwestern später den Tanz vor. Ein Schwarm Silberfische verteilt schimmernde Schuppen. Sie schwirren durch das Wasser und sehen aus wie glitzernde Schneeflocken. Vor der Bühne finden sich die Musiker mit ihren Instrumenten ein. Mit dabei ist Qualle Peter mit seinen Trommeln, Krabbe Bert mit seinen Rasseln und ein riesiger Trompetenfisch.

Schon bald treffen die ersten Gäste ein. Und als der König seinen Platz auf dem Thron einnimmt, geht das Fest los.

Als Allererstes hält die Königin eine Rede.

»Flaschendreck und Kugelfischmist«, schimpft Ariana leise. Sie wartet mit ihren Schwestern hinter einem Seetang-Vorhang auf ihren Auftritt.

Schließlich ist es so weit. Die Königin zieht den Vorhang zur Seite: »Es erwartet Sie nun eine zauberhafte Ballettvorführung meiner wundervollen Töchter.«

Alle klatschen, und Leila, Lilette und Sheila schwimmen mit kräftigen Flossenschlägen nach draußen. Ariana folgt ihnen langsam. Sie sieht Pips gleich neben dem Seegras-Busch. Er nickt ihr zu und drückt ganz kräftig beide Flossen. Schon geht die Musik los.

Schwanz nach links, Arme hoch. Schwanz nach rechts, Arme zur Seite. Dann kommt die Drehung. Bisher kriegt Ariana den Tanz fehlerfrei hin. Sie ist richtig stolz auf sich und tanzt kein bisschen aus der Reihe. Doch dann passiert es. Ariana verwechselt wieder rechts und links und prallt gegen Sheila. Sheila prallt gegen Lilette, und Lilette prallt gegen Leila. Die Meerjungfrauen-Schwestern purzeln durcheinander.

Was jetzt? Aus dem Augenwinkel bemerkt Ariana, dass Pips sich vor Schreck aufpustet. Kugelrund schwimmt er neben dem Seegras-Busch herum und schaut sie mit großen Augen an. Da erinnert sich Ariana an Pips' Worte von gestern: »Wenn du etwas falsch machst, dann tu einfach so, als wäre es geplant. Lass dir nichts anmerken … und benutze deine Fantasie.« Und genau das tut Ariana jetzt. Die Musiker spielen zum Glück weiter. Qualle Peter schlägt seine Trommeln, Krabbe Bert wackelt mit seinen Rasseln, und der Trompetenfisch trötet laut und rhythmisch.

Kurzerhand dreht sich Ariana wie der Wind, wenn er auf die Wasseroberfläche peitscht. Sie hüpft wie eine Möwe beim Landeanflug auf eine Sanddüne. Ihre Schwestern denken nicht lange nach. Sie reihen sich hinter ihr ein und kommen problemlos wieder in den Takt. Lilette zählt leise mit: »Eins und zwei und drei und vier.«

Und während Ariana vor ihnen Purzelbäume schlägt, werfen die Schwestern ihre schimmernden Schwänze erst nach links, dann ihre Arme nach oben, die Schwänze nach rechts und die Arme zur Seite. Sie drehen sich elegant im Kreis. Und als das Lied zu Ende ist, lächeln alle vier Schwestern ihrem Papa auf seinem Thron zu und winken fröhlich.

Die Besucher jubeln. So eine einfallsreiche Vorführung hatten sie nicht erwartet. Auch Pips klatscht kräftig in die Flossen.

»Flaschendreck und Kugelfischmist«, flüstert Leila und umarmt gleichzeitig Ariana, Lilette und Sheila. »Das ist ja noch mal gut gegangen. Wir waren super.«

»Was sind denn das für Ausdrücke? So was sagt eine Meerjungfrau-Prinzessin nicht«, ruft Ariana. Und die vier Schwestern brechen in lautes Gelächter aus.

Der verflixte Zauberstab

»Ding Dong«, macht es an der Haustür. Felicitas ist aufgeregt. Endlich wird ihr neuer Zauberstab geliefert. Sie hat ihn vor ein paar Wochen in einem Katalog für Zauberbedarf bestellt. Seitdem konnte sie es kaum abwarten, dass der Postbote das Paket bringt.

Der Zauberstab ist der allerallerneueste und modernste, den es gibt. Und er hat auch noch Felicitas' Lieblingsfarbe: hellorange-mintgrün-rosenrot-himmelgrau gestreift mit goldenen Punkten.

Vorsichtig packt Felicitas den Zauberstab aus und dreht ihn in den Fingern. Er ist leicht wie eine Feder und samtig weich wie die Zipfelmütze von einem Zwerg. Den muss sie nachher unbedingt ihrem besten Freund Merlin zeigen.

Natürlich will sie ihn gleich ausprobieren. Felicitas überlegt. Am besten zaubert sie sich etwas Leckeres zum Essen. Vielleicht eine Riesenportion Vanilleeis zur Feier des Tages. Sie geht in die Küche, zielt mit dem Zauberstab auf den Tisch und wirbelt ihn dreimal durch die Luft: »*Quille, Qualle, Zisch, ein großes Eis auf meinen Tisch.*« Schon blitzen ein paar Sterne aus dem Zauberstab, und mit einem leisen *Puff* landet etwas auf dem Küchentisch.

Dummerweise ist es keine Schale mit einer Riesenportion Vanilleeis. Es ist ein Topf mit kochendem Wasser. Felicitas kratzt sich am Kopf. Irgendwas muss da wohl schiefgelaufen sein. Am besten versucht sie es gleich noch einmal. Sie geht in den Garten und richtet den Zauberstab auf die freie Fläche neben dem Teich. Dann wirbelt sie den Zauberstab dreimal durch die Luft und ruft: »*Nimm und Namm und Glitzerstern, ein weißes Einhorn hätt ich gern.*« Schon blitzen ein paar Sterne aus dem Stab, und mit einem leisen *Puff* landet etwas auf dem Rasen. Dummerweise ist es kein weißes Einhorn, sondern eine schwarze Kuh. Die schaut Felicitas gelangweilt aus ihren dunklen Augen an, sagt »Muh« und rupft eine Blume aus dem Beet.
Verflixter Rabendreck! Das hat schon wieder nicht geklappt.

Wieso kommt denn nie das raus, was sie sich wünscht? So langsam wird Felicitas sauer. Sie klopft auf die hellorange-mintgrün-rosenrot-himmelgrauen Streifen und die goldenen Punkte. Der Zauberstab ist wohl kaputt. Blödes Ding!

Da hört sie auf einmal die Gartentür klappen. Ihr Freund Merlin kommt zu Besuch. »Hey, was ist denn das für ein toller Zauberstab?«, fragt er, als er neben Felicitas stehen bleibt.

»So toll ist der gar nicht«, meckert Felicitas. »Ich wollte gerade eine Riesenportion Vanilleeis zaubern. Bekommen habe ich aber einen Topf mit kochendem Wasser. Und statt dem Einhorn ist die schwarze Kuh hier aufgetaucht.«

Jetzt schaut Merlin genauso überrascht wie Felicitas vorhin in der Küche. Dann fängt er an zu lachen. »Dein Stab zaubert dir also immer das Gegenteil von dem, was du willst?«

»Hm.« Felicitas denkt kurz nach. Das ist ihr noch gar nicht aufgefallen. Aber Merlin hat recht: Heißes Wasser ist das Gegenteil von kaltem Eis, und eine schwarze Kuh ist das Gegenteil von einem weißen Einhorn. Ob der

Zauberstab wirklich immer falsch rum funktioniert? Das muss sie gleich herausfinden. »Was ist das Gegenteil von einem gepunkteten Kleid?«, fragt sie Merlin.

»Vielleicht eine Pluderhose mit Streifen«, schlägt er vor.

»Gut, dann wünsche ich mir jetzt eine Pluderhose. Mal sehen, ob ein Kleid herauskommt.«

Felicitas hält den Stab über ihren Kopf. Dort wirbelt sie ihn dreimal durch die Luft: »*Flirre, Flarre, Maus und Dose, eine gestreifte Pluderhose.*« Schon blitzen ein paar Sterne aus dem Stab, und mit einem leisen *Puff* schmiegt sich weicher Stoff um Felicitas. Sie schaut an sich runter. Und tatsächlich:

Sie trägt ein gepunktetes Kleid. Nun zaubert sie sich noch einen spitzen Hut auf den Kopf. Dafür wünscht sie sich eine dicke Wintermütze.

»Es kommt echt immer das Gegenteil raus. Komisch!«, sagt sie und zupft an ihrer Hutkrempe herum.

Merlin nimmt ihr den Stab ab. »Darf ich auch mal?«, fragt er. »Ich wünsche mir jetzt eine Hängematte. Mal sehen, was ich kriege.«

Felicitas kichert. »Vielleicht ja ein Wasserbett?«, sagt sie.

Merlin zielt mit dem Stab zwischen zwei Kirschbäume. Dann wirbelt er ihn dreimal durch die Luft: *»Fabelhafte Käseplatte, ich will eine Hängematte.«* Schon blitzen ein paar Sterne aus dem Stab, und mit einem leisen *Puff* knoten sich die Enden einer Hängematte um die Kirschbaumstämme. Die beiden Freunde sind baff. Merlin runzelt die Stirn. »Merkwürdig«, sagt er. »Bei mir funktioniert es ganz normal. Das verstehe ich nicht.«

Felicitas geht es genauso. Sie schnappt sich den Zauberstab. Wieso macht er bei Merlin das, was er soll, und bei ihr nicht? Wütend klopft sie auf ihm herum. Am besten schickt sie ihn einfach wieder zurück und fertig!

Da kriegt Merlin plötzlich große Augen. »Ich glaube, ich weiß, wo das Problem liegt«, sagt er. »Ich habe den Zauberstab auf der Seite mit den himmelgrauen Kringeln gehalten.«

»Na und?«, murrt Felicitas.

Merlin zeigt auf ihre Hand. »Du hältst ihn auf der Seite mit den hellorangen Kringeln, also andersrum.«

»Meinst du echt, dass das einen Unterschied macht?« Felicitas beschließt, sich eine Sahnecremetorte zu wünschen.

Das erste Mal zaubert sie genauso wie bisher. Pfui Spinne! Eine stinkende Grünkohlsuppe landet auf dem Tisch. Dann dreht Felicitas den Stab um und wünscht sich das Gleiche noch einmal. Tatsächlich erscheint nach den blitzenden Sternen und dem leisen *Puff* eine große Torte. Das gibt's ja nicht!

Jetzt muss Felicitas lachen. Der Zauberstab ist wohl nicht nur der allerallerneueste und modernste, den es gibt. Er ist auch superempfindlich. Darauf
wäre sie nie gekommen.

Nach all der Aufregung futtern Merlin und Felicitas nun ganz in Ruhe die
leckere Sahnecremetorte auf. Und dann zaubern sie den restlichen Nach-
mittag zum Spaß lauter verrückte Dinge. Dabei halten sie den Stab mal auf
der Seite mit den himmelgrauen Kringeln und dann wieder auf der mit den
hellorangen Kringeln. Was für ein Spaß!

Annas Kleid

In Annas Kita wird bald Fasching gefeiert. Alle Kinder sind schon ganz aufgeregt und überlegen, wie sie sich verkleiden sollen.

»Ich habe gestern ein tolles Prinzessinnenkleid gesehen, als ich mit meiner Oma in der Stadt war«, sagt Annas Freundin Fine. »Es ist rosa und sieht so weich aus, als wäre es aus Watte. Das will ich unbedingt haben.« Milena nickt. »Ich auch. Überall sind Blüten drauf, und es glitzert wie verrückt.«

»Genau«, antwortet Fine.

»Klingt toll«, sagt Anna, und auch ihre Freundinnen Florence und Paula finden das. Also beschließen die Mädchen, alle dasselbe Kleid anzuziehen und als Prinzessin zur Feier zu gehen.

Anna kann es kaum erwarten, nach dem Mittagessen mit Papa in die Stadt zu fahren. Sie hilft in Windeseile beim Tischabräumen und schlüpft so schnell wie nie zuvor in ihre Schuhe. Doch gerade als Papa den Autoschlüssel holt, kommt ihr Bruder Nico die Treppe runter.

»Mein Hals tut weh«, krächzt er.

»Oh nein.« Papa fasst ihm an die Stirn. »Du hast ein bisschen Fieber. Leg dich hin, ich mache dir einen Tee.« Bevor er in die Küche geht, dreht er sich zu Anna um. »Wir müssen den Einkauf verschieben. Tut mir leid.«

Am nächsten Morgen bringt Papa sie zur Kita. »Können wir nachher in die
Stadt fahren und das Prinzessinnenkleid holen?«, fragt Anna. Nico geht es
schon viel besser. Das Fieber ist weg, und sein Hals kratzt auch nicht mehr.
Er konnte sogar in die Schule gehen.

Trotzdem schüttelt Papa den Kopf. »Leider kann ich heute nicht. Ich muss
lange arbeiten. Vielleicht schafft Mama es ja.«

»Ach menno«, murrt Anna. Und als ihre Mama nach der Kita sagt, dass
es nicht geht, weil heute Oma und Opa zu Besuch kommen, murrt Anna
gleich noch mal.

»Milena und Fine haben das Kleid aber schon. Und Florence und Paula
gehen nachher in die Stadt.«

Mama streicht ihr eine Strähne aus dem Gesicht. »Morgen fährt Papa mit dir in die Stadt. Dann kriegst du es ganz bestimmt, genau wie deine Freundinnen. Versprochen!«

Tags darauf ist es endlich so weit. In der Kita wartet Anna ungeduldig, bis es Mittag ist und Papa sie abholen kommt. Als er schließlich in der Tür erscheint, rast sie auf ihn zu und verabschiedet sich nicht mal von ihren Freundinnen. Zusammen fahren sie in die Stadt.

»Ich möchte das rosa Prinzessinnenkleid haben, das so aussieht, als wäre es aus Watte«, sagt sie zu der Verkäuferin.

»Hm«, antwortet die und kratzt sich an der Nase. »So eins haben wir nicht.« Ungeduldig wippt Anna hin und her. »Da sind überall Blüten drauf, und es glitzert wie verrückt.«

»Ach, das Kleid meinst du«, sagt die Verkäuferin. »Davon hatten wir mehrere hier. Leider sind sie mittlerweile alle ausverkauft.«

Anna sieht die Verkäuferin ungläubig an. Das kann nicht wahr sein. Ihr Kleid ist nicht mehr da? Anna steigen die Tränen in die Augen, und sie hat einen dicken Kloß im Hals.

»Ich kann dir stattdessen ein Bären- oder Hamsterkostüm anbieten. Einen Piratenanzug gibt es auch noch«, sagt die Verkäuferin, doch Anna schüttelt den Kopf. Sie will ein Prinzessinnenkleid. Und zwar genau das, was auch ihre Freundinnen haben.

»Tut mir leid«, sagt Papa.

Doch Anna ist stinksauer auf ihn. »Ich wollte gleich hierhergehen. Aber ihr hattet ja nie Zeit«, schreit sie und rennt aus dem Laden. Wenn sie nicht als Prinzessin in die Kita kann, dann geht sie eben gar nicht.

Zu Hause hat Mama ein ganz schlechtes Gewissen. Und sogar Nico tut es leid, dass er Halsweh hatte und Anna ihr Kleid deshalb nicht früher kaufen konnte.

»Es wäre doch gelacht, wenn uns keine Lösung einfällt«, sagt Mama und geht zu ihrem Kleiderschrank. Sie zieht ein grünes Hemd heraus, das schmale, silberne Streifen hat.

»Hm«, sagt sie und betrachtet es eine Weile. »Daraus könnte man etwas machen.«

»Ich will kein grünes Hemd anziehen«, sagt Anna, als Mama

ins Wohnzimmer zurückkommt. Beleidigt sitzt sie auf dem Sofa und ist fest entschlossen, die Faschingsfeier morgen ausfallen zu lassen.

Am nächsten Tag warten Mama, Papa und Nico schon in der Küche, als Anna zum Frühstück kommt.
Lächelnd überreicht Mama ihr ein Kleid. Es ist aus grünem Stoff mit schmalen, silbernen Streifen. Genau wie das Hemd von gestern. Aber es sieht ganz anders aus, richtig hübsch. In der Mitte hängt ein glänzender Gürtel mit einer Schleife. Und unten am Saum gibt es kleine Rüschen. Anna dreht das Kostüm um. Auf der Rückenseite kleben sogar silberne Flügel.
»Die haben Papa und ich gestern Abend noch aus Alufolie gebastelt«, erzählt Nico stolz.
Vorsichtig schlüpft Anna in das Kleid. Mama hilft ihr dabei und setzt ihr sogar einen Kranz aus Blättern und Blüten auf den Kopf.
»Wow«, sagt Papa. »Du sieht aus wie eine richtige Waldfee.«
Mama nickt, und auch Nico strahlt bis über beide Ohren.
»Das ist tausendmal schöner als ein rosa Prinzessinnenkleid, das all die anderen anhaben«, sagt er und überreicht Anna einen silbergrünen Stock.
»Hier, dein Zauberstab. Eigentlich ist es ein angemalter Kochlöffel, aber das weiß ja niemand.«
Anna ist sich noch nicht sicher, was sie davon halten soll. Eigentlich ist das Kostüm nicht schlecht. Aber was werden ihre Freundinnen dazu sagen?

In der Kita sind die Vorbereitungen schon in vollem Gange. Milena und Fine, Florence und Paula pusten Luftschlangen aus und hängen sie über die Stühle und Tische. Sie tragen alle das rosa Prinzessinnenkleid. Es sieht wirklich aus wie aus Watte, und die Blüten darauf glitzern wie verrückt.

Da wird Anna wieder etwas neidisch. »Hey, ihr seht richtig toll aus«, sagt sie zerknirscht zu ihren Freundinnen. »Ich wäre gerne eine Prinzessin mit euch gewesen. Aber das Kleid war schon weg. Jetzt bin ich eine Waldfee.«

»Mir gefallen deine silbernen Flügel«, sagt Milena.

Fine tippt auf den Saum von Annas Kleid. »Und ich mag die Rüschen.«

»Der Gürtel ist klasse«, findet Florence.

»Was für ein toller Zauberstab«, fügt Paula hinzu.

Anna lächelt erleichtert. Und in diesem Moment findet sie es gar nicht mehr schlimm, dass sie das Kleid aus dem Laden nicht gekriegt hat.

Die Hummelprüfung

 Frida streckt ihre Hummelbeine, gähnt und springt aus dem Bett. Heute ist es endlich so weit: Die große Hummelprüfung steht an. Zum Frühstück verdrückt Frida eine extragroße Portion Nektar. Normalerweise trinkt sie morgens nur einen Becher. Jetzt sind es drei. Denn für die Prüfung zur Wichtelträgerin braucht sie ganz besonders viel Kraft. Sorgfältig kämmt sich Frida von oben bis unten und bindet eine hübsche Schleife in die Fühler. Sie will gut aussehen. Alle werden zur Lichtung bei der großen Eiche kommen, um der Prüfung beizuwohnen. Die Bienen und die Schmetterlinge, die Elfen und natürlich die Wichtel. Die Wichtelprüfung war schon vor ein paar Tagen. Fridas Freund Zausel hat mitgemacht und bestanden. Wenn Frida heute die Hummelprüfung schafft, dann können Zausel und sie bald gemeinsam zu den Beerensträuchern fliegen. Einmal in der Woche machen sich die Hummeln zusammen mit den Wichteln auf den Weg zu den Beerenfeldern. Sie sammeln die Beeren ein, damit die Wichtel daraus ihre Kuchen backen können. Es sind die leckersten Kuchen, die es im Wald gibt. Doch der Weg zu den Sträuchern ist weit und gefährlich. Deshalb dürfen nur ausgebildete Hummeln und gewitzte Wichtel diese Aufgabe übernehmen.

Frida hat ein kleines bisschen Angst. Was, wenn sie die Prüfung nicht schafft? Sie will doch unbedingt Wichtelträgerin werden. Wichtelträger sind

echte Helden. Sie sind schnell, sie sind schlau, sie sind stark. Alle Waldbewohner mögen sie. Sie sind so etwas wie Superhelden. Hummel-Super-
helden!

Vor der Tür wartet Zausel schon auf Frida.

»Ich bin ja so aufgeregt«, sagt er und springt wie ein Gummiball durchs
Gras.

»Aber du hast doch keine Prüfung, sondern ich«, sagt Frida.

»Ich weiß, ich weiß. Trotzdem bin ich aufgeregt. Das warst du bei meiner
Prüfung auch.«

Stimmt, als Zausel beweisen musste, wie flink er Wichtelbeeren pflücken
und wie gut er zählen kann, da konnte Frida keine Minute still sitzen. Die
ganze Zeit rutschte sie auf ihrem Platz hin und her und hielt die Luft an.

Auf der Lichtung bei der großen Eiche warten schon die ersten Bienen, Schmetterlinge, Elfen und Wichtel. Sie haben sich Moos- und Blütendecken mitgebracht, um es sich auf den Zuschauerplätzen gemütlich zu machen. Am Fuß der Eiche, auf einem großen Stuhl, sitzt Wilberta, die Wichtelkönigin. Sie leitet die Prüfung und entscheidet, wer bestanden hat und wer nicht. Mit strenger Miene schreibt Wilberta die Namen der Teilnehmer auf ein Blatt. Alle Hummeln, die mitmachen wollen, haben sich vor ihr aufgereiht. Auch Frida stellt sich an. Als sie endlich vorne ist, überreicht Wilberta ihr eine Kette mit einer Nummer. Die bekommt jede Hummel, damit Wilberta den Überblick behält. Frida ist die Nummer sechs. Mit zitternden Beinchen legt sie sich die Kette um.

»Du schaffst das«, ruft Zausel ihr zu, und Frida nickt.

Die Teilnehmer machen sich bereit für die erste Übung. Frida werden zwei große Körbe umgeschnallt. Wilberta füllt sie mit Beeren. Rechts und links unter Fridas Flügeln hängen die vollen Körbe. Sie sind ziemlich schwer. Wenn Frida die Prüfung besteht, muss sie bald auch noch einen Wichtel dazu tragen. Zum Glück wiegen die kleinen Zwerge nicht sehr viel. Frida hat mit Zausel geübt. Er hat sich auf ihren Rücken gesetzt, und dann sind sie zusammen um Fridas Haus geflogen. Zuerst war das etwas komisch und wackelig, doch dann hat es gut geklappt.

Wilberta gibt das Zeichen zum Start. Die Teilnehmer müssen dreimal um die große Eiche fliegen. Eine Hummel schafft es nicht, vom Boden abzuheben. Sie ist nicht stark genug. Also setzt sie sich hin und futtert traurig alle Beeren aus ihrem Korb auf. Auch Frida muss sich sehr anstrengen, aber als sie ein paarmal kräftig mit den Flügeln schlägt, geht sie in die Luft. Nach den drei Runden kommt sie keuchend wieder am Startpunkt an. Gut, dass sie vorhin so viel Nektar getrunken hat.

Als Nächstes müssen die Hummeln zeigen, dass sie gut singen können. Denn eine Wichtelträgerin muss nicht nur Beeren und Wichtel tragen, sondern auch die wilden Trolle beruhigen. Die wohnen nämlich direkt bei den Beerensträuchern und sind immer schlecht gelaunt. Der brummende Gesang der Hummeln gefällt ihnen und beruhigt sie.

Wilberta schwingt den Finger im Takt, und alle Hummeln beginnen zu brummen. Carlotta, die Teilnehmerin neben Frida, singt so schief, dass sich Wilberta die Ohren zuhält und sie von der Liste streicht. Frida ist sicher auch nicht die allerbeste Sängerin, aber sie ist ganz zufrieden mit sich. Zausel auch. Er klatscht begeistert.

Nachdem Frida das Hindernisfliegen durch das ausgetrocknete Flussbett geschafft hat, fehlt nur noch der letzte Punkt der Prüfung: die Beantwortung einer Frage.

Niemand weiß, was die Wichtelkönigin wissen will. Deshalb konnte sich auch keiner der Teilnehmer darauf vorbereiten. Die Hummeln stellen sich wieder in einer Reihe vor Wilberta auf und treten nacheinander vor. Die Wichtelkönigin flüstert ihnen etwas ins Ohr, wartet die Antwort ab und schüttelt dann entweder den Kopf oder nickt zufrieden.

Die Hummeln Lotti und Roberta, die vor Frida an der Reihe sind, bestehen leider nicht. Traurig setzen sie sich zu den Zuschauern. Fridas Flügel beginnen zu kribbeln. Sie muss die Frage richtig beantworten, sonst ist sie durchgefallen.

Jetzt kommt sie dran. Langsam nähert sie sich der Wichtelkönigin. Das Herz klopft ihr bis zum Hals.

»Was tust du, wenn dein Wichtel krank wird und keine Beeren mit dir pflücken gehen kann? Schaffst du das dann alleine?«, flüstert sie mit tiefer Stimme.

Natürlich, denkt Frida. Sie weiß, wie wichtig es für die Wichtel ist, immer genug Beeren zu haben. Doch bevor sie antwortet, schaut sie zu Zausel rüber. Der ist vor Aufregung ganz blass im Gesicht. Nein, wenn er krank wäre, würde sie nicht wegfliegen und ihn alleine lassen. Auf keinen Fall!

»Ich würde es schon alleine schaffen«, antwortet sie. »Aber ich würde es nicht machen.«

»Aha?« Verwundert zieht Wilberta die Augenbrauen hoch.

Frida ist sich sicher, dass ihre Antwort falsch war. Trotzdem fügt sie hinzu: »Wenn man krank ist, braucht man jemanden, der sich um einen kümmert. Ich würde bei meinem Wichtel bleiben.«

Nun lächelt Wilberta und nickt. »Kluge Antwort. Du hast die Prüfung bestanden.«

Frida kann es kaum glauben. Sie hat es wirklich geschafft? Überglücklich flitzt sie zu Zausel rüber. Der umarmt sie fest.

Nachdem die restlichen Teilnehmerinnen an der Reihe waren, wird Frida ganz offiziell zur Wichtelträgerin ernannt. Wilberta überreicht ihr eine getrocknete Beere und steckt sie ihr an die Kette. Vorher nimmt sie noch die Startnummer ab. Endlich trägt Frida das Zeichen der Wichtel- trägerinnen. Am liebsten würde sie vor Glück platzen. Zausel hüpft auf ihren Rücken. Und los geht's!

Tagelfe und Nachtelfe

»Was für ein wundervoller Tag.« Tagelfe Tara fliegt in ihrem weißen Kleid über die Stadt. Sie nimmt Kurs auf einen Dachsims, landet und streicht ihre strohblonden Haare aus dem Gesicht. Zufrieden baumelt sie mit den Füßen. Gleich unter ihr liegt der Marktplatz, wo ein Eisverkäufer einen kleinen Stand aufgebaut hat und schon den ganzen Tag seine Eiskugeln verkauft. Tara hat heute mal wieder dafür gesorgt, dass es überall in der Stadt blitzt und glänzt und so hell ist, dass man einfach gute Laune haben muss. Nun packen die Kinder drüben im Freibad ihre Handtücher zusammen und machen sich auf den Heimweg. Tara blinzelt in den Himmel. Die Sonne sieht bereits müde aus. So langsam wird es Zeit, dass sie schlafen gehen kann.

Wo bleibt denn nur der Dämmertroll? Eigentlich müsste er längst da sein. Sobald er auftaucht, geht die Sonne unter, und Tara hat Feierabend. Sie wird nach Hause fliegen und sich eine Kartoffelsuppe kochen. Tara baumelt weiter mit den Füßen und wartet. Die Sonne gähnt. Aber keine Spur vom Dämmertroll. Seltsam, sonst ist er immer pünktlich.

Plötzlich flattert ein blauer Brief über Taras Kopf

und landet auf ihrem Schoß. Sie öffnet ihn und liest:

> Liebe Tara, ich bin krank. Ganz furchtbar trollschnupfnasig krank. Deshalb kann ich heute nicht zur Arbeit kommen. Der Nachtelfe Nele habe ich auch eine Nachricht geschickt. Sie weiß also Bescheid. Ihr beide müsst ausnahmsweise die Abend- und die Morgendämmerung für mich übernehmen. Ihr schafft das schon. Dein Dämmertroll.

»Ach, du meine Güte«, jammert Tara. »Das ist ja fürchterlich!« Noch nie in ihrem Leben hat sie eine Dämmerung gezaubert. Sie ist eine Tagelfe und für ganz viel Licht, Sonne und Helligkeit zuständig. Wie in aller Welt soll sie bloß Halbdunkel, Schatten und Schummerlicht schaffen?

»Na, da hat der Troll uns ja ganz schön was eingebrockt«, grummelt plötzlich jemand hinter ihr. Tara zuckt zusammen, weil sie so in Gedanken versunken war. Neben ihr flattert eine Elfe in einem dunklen Kleid, mit nussbraunen Haaren und einer riesigen Sonnenbrille auf der Nase. »Ich bin Nele, die Nachtelfe, und du musst Tara sein.«

Tara nickt. Sie und Nele haben sich noch nie getroffen. Normalerweise arbeitet die eine, während die andere sich zu Hause ausruht. Abgelöst werden sie immer nur vom Dämmertroll.

Nele seufzt. »Du meine Güte, ist das hell hier. Das grelle Tageslicht ist wirklich unerträglich«, sagt sie und setzt sich neben Tara auf den Dachsims.

»Hey, die Sonnenstrahlen habe ich höchstpersönlich gezaubert. Mit ganz viel Liebe.« Beleidigt zupft Tara an ihrem weißen Kleid. »Aber das kannst du als Nachtelfe wahrscheinlich nicht verstehen.«

»Natürlich kann ich das. Ich zaubere die wunderbar erholsame Dunkelheit nämlich auch immer mit viel Liebe.« Nele wirbelt ihren Zauberstab durch die Luft, und *schwupp*, schon legen sich schwarze Dunstschleier wie eine Decke über die Stadt. Die Sonne wundert sich, dass es plötzlich so düster ist, und beeilt sich, unterzugehen. Der Mond lugt schon hinter einem Schornstein hervor. Die Vögel in den Bäumen verstummen und suchen sich einen Schlafplatz.

Verwirrt schaut der Eisverkäufer nach oben. Mit einer so schnell hereinbrechenden Nacht hat er nicht gerechnet.

»Du kannst nicht einfach herkommen und mir nichts, dir nichts deine Nacht verteilen.« Wütend steht Tara auf und zaubert – *schwupp* – mehrere gelbe Sonnenstrahlen in die Dunkelheit. Sie leuchten direkt auf den Eisstand unten am Marktplatz. Das sieht so aus, als würde jemand eine Taschenlampe daraufhalten. Mit ein paar kleinen Bewegungen schimmern auch die Blätter in den Bäumen wieder. Die Vögel flattern verwundert mit den Flügeln und fangen an zu singen.

»Kann ich wohl.« Jetzt steht auch Nele auf. Sie schwingt ihren Stab und lässt – *schwupp* – die dunklen Schwaden wiederkommen. Die Vögel verstummen erneut.

Das lässt sich Tara nicht bieten. »Frechheit«, ruft sie. »Noch ist Tag.«

»Nacht«, brüllt Nele.

»Tag.«

»Nacht.«

»Tag.«

»Nacht.«

»Tag.«

Die Sonne flitzt wie eine verrückt gewordene Biene hoch in den Himmel, verschwindet im nächsten Moment hinter den Häusern und steigt wieder auf. Genauso der Mond, der sich am liebsten hinter dem Schornstein verstecken würde, weil er von dem Hin und Her ganz durcheinander ist. Der Marktplatz wird finster und erstrahlt gleich darauf wieder in hellem Licht. Es ist, als ob jemand an einem Lichtschalter herumspielt: an – aus – an – aus – an – aus. Die Vögel wissen gar nicht mehr, ob sie schlafen oder singen sollen. Deshalb halten sie irgendwann einfach die Schnäbel. Und der Eisverkäufer denkt, dass ein seltsames Unwetter über die Stadt gekommen ist.

Hektisch schließt er seinen Stand, packt seine Sachen zusammen und flieht nach Hause.

Wahrscheinlich würde das Wirrwarr noch eine Weile so weitergehen, wenn da nicht plötzlich ein Eilbrief vom Dämmertroll herbeigeflattert käme. Er öffnet sich direkt über Taras und Neles Köpfen:

Also ehrlich. Da liege ich fieberschnupfigkrank im Bett, und ihr verbreitet ein riesiges Chaos. Ich kann euer Hin und Her von meinem Fenster aus sehen. Davon kriege ich noch mehr Kopfweh. Wenn es mir nicht so trollastisch schlecht ginge, würde ich das höchstpersönlich in Ordnung bringen. Aber das geht nicht. Also arbeitet gefälligst zusammen und verwirrt die Stadt nicht mit eurem doofen Streit.
Euer Dämmertroll

Tara und Nele schauen sich an. Jetzt haben sie ein schlechtes Gewissen. Der Troll hat recht. Statt gemeinsam eine ordentliche Dämmerung herbeizuzaubern, zanken sie sich nur.

»Tut mir leid«, sagt Tara. »Lass es uns versuchen.«

Nele nickt und zieht ihre Sonnenbrille aus. »Mir tut's auch leid. Wie wäre es, wenn ich vorerst nur ein paar Schatten auf die Wege und Straßen zaubere?«

»Gut«, sagt Tara und sorgt mit ihrem Zauberstab dafür, dass es nicht mehr ganz so hell ist. Nach ein paar Minuten verteilt Nele weitere Schatten, und Tara zieht ihr Licht noch mehr zurück. Die Sonne sinkt nun ganz gemächlich immer tiefer und geht irgendwann ganz unter. Von dem hektischen Hoch und Runter gerade eben ist sie wirklich todmüde. Der Mond steigt hinter dem Schornstein hervor in den Himmel, wo Nele immer mehr Sterne leuchten lässt. Das sanfte, kühle Schimmern ersetzt die verblassenden

Lichtstrahlen der Sonne. Auch die Vögel haben endlich die Augen geschlossen und schlafen tief und fest. So schaffen die beiden Elfen schließlich doch noch eine perfekte Dämmerung, die in die Nacht übergeht.

Tara gähnt. »So eine Dämmerung ist schwierig, aber wir haben sie gut hingekriegt.«

»Finde ich auch«, sagt Nele. »Wenn der Tag verschwindet und die Nacht kommt, ist das richtig zauberhaft. Morgen früh müssen wir es andersrum hinbekommen. Dann wirst du mit deinem Licht immer stärker, holst die Sonne her, und ich ziehe meine Dunkelheit zurück.«

»Das schaffen wir schon«, sagt Tara zuversichtlich. »Ich komme ganz früh zu dir und zaubere die ersten Lichtschimmer herbei, ja?«

»Gute Idee. Also, bis dann.« Nele fliegt los, um zu prüfen, ob auch wirklich in jedem Winkel der Stadt die Nacht angekommen ist. Und Tara macht sich endlich auf den Weg nach Hause. Sie kann nun ganz in Ruhe ihre Kartoffelsuppe essen, sich dann in ihr Elfenbett kuscheln und erst wieder aufstehen, wenn die Nacht zum Tag werden muss. Dann fangen die Tautropfen auf den Baumblättern an zu schimmern, die Vögel erwachen und zwitschern wieder, und der Eisverkäufer kommt zurück, um seinen Stand aufzubauen.

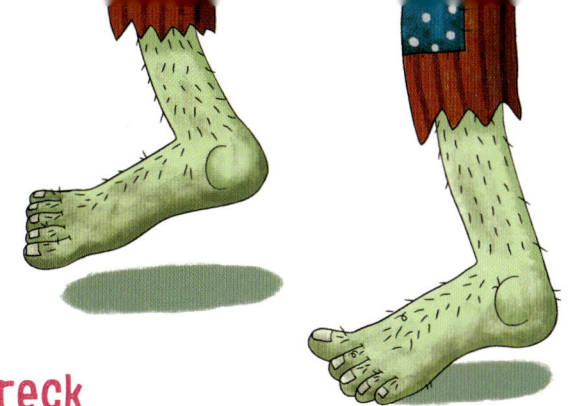

Luna, der Trollschreck

Bom. Bom. Bom. Der Waldboden bebt, als Lunas Trollbrüder Knolle und Wolle nach Hause kommen. Die beiden müssen nur ein bisschen mit den Füßen stampfen, und schon wackeln die Bäume, rascheln die Büsche und knacken die Äste. Schnell verstecken sich die Rosenelfen unter den Farnblättern. Die Gnome halten die Luft an. Und der Schmetterlingsfee zittern vor Schreck die Flügel.

»Wie macht ihr das bloß?«, fragt Luna. Sie rennt ihren Brüdern entgegen. »Immer erschrecken sich alle vor euch.«

»Tja, Trolle sind nun mal wild und laut und angsteinflößend«, antwortet Knolle.

»Genau«, brüllt Wolle. Er tippt einem Zwerg auf den Kopf, der sich die rote Zipfelmütze über die Augen gezogen hat. Vorsichtig schiebt der Zwerg seine Mütze wieder hoch und verschwindet eilig hinter einem Fliegenpilz.

»Versuch du es mal«, sagt Knolle. »Du musst kräftig stampfen. Am besten holst du tief Luft, bläst deinen Mund auf und brichst in mächtiges Trollgebrüll aus.«

»Okay.« Luna macht sich bereit. Sie tut alles, was ihr Bruder gesagt hat. Sie holt tief Luft und bläst den Mund auf. Dann stampft sie kräftig auf und brüllt, so laut sie kann. Leider bebt bei ihr der Waldboden kein bisschen. Die Bäume wackeln nicht. Die Büsche rascheln nicht. Und kein einziger Ast knackt. Die Rosenelfen fliegen munter weiter. Die Gnome kichern vergnügt, und der Schmetterlingsfee zittern noch nicht mal die äußersten Flügelspitzen.

Knolle und Wolle lachen laut. »Da musst du wohl noch ein bisschen üben«, sagen sie und verschwinden in der Trollhöhle.

Traurig lässt sich Luna auf eine Wurzel plumpsen und bohrt mit dem Finger im Moos herum.

»Hey, was ist denn mit dir los?« Die kleine Elfe Fiona flattert direkt auf Luna zu. Sie ist ihre beste Freundin und immer fröhlich und gut gelaunt.

»Ach, ich kann niemanden erschrecken«, flüstert Luna. »Ich bin einfach zu winzig und zu leise.«

»Winzig und leise zu sein ist gar nicht schlecht«, sagt Fiona. »So bin ich doch auch.«

Luna nickt und zieht ihre Finger aus dem weichen Waldboden. »Stimmt«, sagt sie. »Aber du bist eine Elfe, und ich bin ein Troll. Und Trolle sind nun mal wild und laut und angsteinflößend. Sie müssen andere erschrecken können.«

»Hm«, murmelt Fiona. Da weiß sie auch keinen Rat. Die beiden Freundinnen sitzen eine Weile schweigend nebeneinander und denken nach. Als die Sonne schon ganz tief über den Bäumen steht und den Waldboden in goldenes Abendlicht taucht, fliegt Fiona auf. »Ich hab eine Idee.«

»Ach ja?« Neugierig schaut Luna ihre Elfenfreundin an.

Die flattert fröhlich umher. »Du bist zwar noch klein und deshalb vielleicht nicht so angsteinflößend wie deine Brüder. Aber du kannst trotzdem jemanden erschrecken«, sagt sie.

Luna seufzt. »Kann ich eben nicht.«

»Kannst du wohl. Vielleicht nicht donnerdröhnend-laut, dafür aber elfen-leise.«

Fiona zeigt auf Knolle und Wolle, die es sich in der Blätterhängematte neben dem Trollhöhlen-Eingang gemütlich gemacht haben. Die beiden Trollbrüder schnarchen knatternd. Fiona flüstert: »Schleich dich an die beiden ran, und zieh dann fest an ihren Ohren. Bestimmt erschrecken sie sich zu Tode.«

»Okay, ich kann's ja mal versuchen.« Luna hält die Luft an und läuft auf Zehenspitzen zu ihren Brüdern rüber. Fiona flattert hinterher. Ihr Flügelschlag ist nicht mehr als ein Hauch im Wind. Luna passt ganz genau auf, dass sie nicht auf ein Stöckchen tritt, das knackt und sie verrät. Als sie ganz nah vor Knolle und Wolle steht, zählt Fiona leise bis drei. Bei drei zieht Luna ihren Brüdern kräftig an den Ohren und zischt: »Buhuhuuu.« Knolle zuckt zusammen, und Wolle purzelt vor Schreck aus der Blättermatte.

»W-w-was ist denn los?«, stottern die beiden. Verwirrt reiben sie sich ihre Augen und Ohren. Luna grinst zufrieden.

»Geht doch«, lobt Fiona und macht eine Drehung in der Luft.

»Du hattest recht. Ich kann supergut erschrecken. Nur eben nicht wild und laut, sondern elfenleise«, stellt Luna stolz fest.

Knolle und Wolle schütteln die Köpfe. »Du kleiner frecher Troll«, rufen sie, beugen sich vor und kitzeln ihre Schwester kräftig durch. Dabei lachen sie alle so laut, dass die Bäume wackeln, die Büsche rascheln und die Äste knacken. Dieses Mal macht das den Waldbewohnern aber keine Angst.

Prinzessin Purzel

Gelangweilt tippt Chloe den Fußball an, der vor ihr liegt. Sie hat keine Lust, alleine im Garten zu spielen. Viel lieber würde sie in den Zoo gehen. Da gibt es nämlich ein neues Nilpferdbaby. Es hat noch keinen Namen, und die Besucher dürfen heute Vorschläge machen. In einer großen Tombola wird der Name dann ausgewählt. Chloe überlegt, wie sie das Nilpferdbaby nennen würde. Hm, vielleicht Nili, oder Nolly, oder Polly? Seufzend setzt sie sich auf den Rasen. Über einen Namen braucht sie nicht weiter nachzudenken, weil sie sowieso nicht in den Zoo kann. Noch nie in ihrem Leben hat sich Chloe so sehr gelangweilt wie jetzt. Papa muss irgendwas am Computer machen. Mama ist bei der Arbeit, und ihre Freundin Mia ist im Urlaub. Früher war Opa oft hier. Das war super. Sie haben zusammen gespielt oder Kuchen gebacken oder sich Geschichten ausgedacht und Eis gegessen. Aber seit Opa weggezogen ist, kommt er nur noch selten zu Besuch. Chloe vermisst ihn sehr. Er würde jetzt ganz bestimmt mit ihr in den Zoo gehen. Und zusammen würden sie sich einen Namen für das neue Nilpferdbaby ausdenken. Traurig zupft Chloe an einer Butterblume.

Plötzlich hört sie ein Geräusch aus dem Nachbargarten. Sie steht auf und schaut über die Hecke. Herr Glockenturm hat wie immer seine Latzhose an und steht im Gemüsebeet. Neben ihm sitzt sein Dackel Petz.

Auf einmal kribbelt es in Chloes Nase. Ehe sie sich die Hand vor den Mund halten kann, passiert es. »Hatschi!«

Herr Glockenturm dreht sich erschrocken um. »Ach, du bist es, Chloe, hallo«, sagt er.

»Hallo«, antwortet Chloe und wischt sich über das Gesicht.

»Was machst du so?«, will Herr Glockenturm wissen.

Chloe zuckt mit den Schultern. »Nichts. Absolut gar nichts. Und du?«

»Ach, ich mache auch nicht viel.«

Petz bellt einmal kurz. Dabei nickt er mit dem Kopf, als würde er sagen: »Das stimmt. Es ist todlangweilig hier.«

Da kommt Chloe eine Idee. Sie wünscht sich dringend einen Opa, mit dem sie Spaß haben kann. Und da steht einer. Direkt vor ihr. Wieso ist ihr

das nicht schon viel früher aufgefallen? Sie grinst Herrn Glockenturm an. »Willst du mein Opa sein?«, fragt sie.

Herr Glockenturm findet die Frage kein bisschen komisch, obwohl sie das ja eigentlich ist. Er grinst sogar bis über beide Ohren. Auch er ist oft alleine im Garten, wenn er sich nicht gerade über die Hecke hinweg mit Chloes Eltern unterhält.

»Das würde ich gerne«, antwortet er.

Jippie! Chloe freut sich riesig. Sie schlüpft unter den Büschen hindurch und klettert in Herrn Glockenturms Garten. Petz begrüßt sie stürmisch. Er springt an ihr hoch und bellt übermütig.

»Wollen wir etwas zusammen unternehmen?«, fragt Herr Glockenturm.

»Wir könnten einen Spaziergang mit Petz machen.«

»Ich möchte so gerne in den Zoo gehen«, sprudelt es aus Chloe heraus. »Das Nilpferdbaby braucht einen Namen.«

Herr Glockenturm denkt einen Moment nach. »Wenn deine Eltern es erlauben, gehen wir zusammen hin«, sagt er schließlich. »Und dann könnten wir auch ein Eis essen. Das habe ich schon lange nicht mehr gemacht. Dabei liebe ich Vanilleeis mit Schokoladenraspeln.« Herr Glockenturm kratzt sich am Kopf. »Ich weiß gar nicht mehr, wie das schmeckt, so lange ist es schon her, dass ich eines gegessen habe.«

»Schokoladeneis mit bunten Streuseln ist noch viel besser«, sagt Chloe.

»Am besten besorgen wir uns Schokoladen- und Vanilleeis mit Schokoraspeln und bunten Streuseln«, sagt Herr Glockenturm.

Dackel Petz flitzt ins Haus und kommt mit der Leine zurück. Er trägt sie zwischen den Zähnen und legt sie direkt vor Herrn Glockenturms Füße, als würde er sagen: »Los geht's. Worauf wartet ihr noch?«

Zum Glück hat Chloes Papa nichts dagegen, dass sie mit Herrn Glockenturm einen Ausflug macht. Und so schlendern die beiden wenig später mit Petz los.

Vor dem Zooeingang herrscht dichtes Gedränge. Alle wollen das neue Nilpferdbaby sehen und bei der Tombola mitmachen. Herr Glockenturm, Petz und Chloe stellen sich in die Schlange und überlegen schon mal, welcher Namen ihnen gefällt.

»Dicki vielleicht?«, schlägt Herr Glockenturm vor. »Die kleine Nilpferddame ist bestimmt kugelrund.«

»Oder Gretchen, Lizzy, Frida«, sagt Chloe. Aber so richtig gut findet sie das alles noch nicht.

Drinnen im Zoo ist es wie in einer anderen Welt. Die Affen brüllen wie verrückt, die Papageien krächzen, ein Elefant trompetet. Es riecht nach Tieren, Heu und Pommes. Abwechselnd klettern Kinder auf den Rücken von einem Steinlöwen, und ihre Eltern schießen Fotos. Herr Glockenturm und Chloe steuern als Allererstes die Eisdiele an. Sie bestellen zwei riesige Portionen Schokoladen- und Vanilleeis mit Schokoraspeln und bunten Streuseln. »Hm, lecker«, murmelt Herr Glockenturm und futtert seine Kugeln in Windeseile auf. Chloe braucht etwas länger, aber als sie das Nilpferdhaus erreichen, hat auch sie ihr Eis verdrückt.

Das Baby ist wirklich süß. Es sieht aus wie ein großer, grauer Schneeball und schlägt im Wasser neben seiner Mutter lustige Purzelbäume. Als es auftaucht und an Land watschelt, hat es einen Seegrashaufen auf dem Kopf, wie eine Prinzessin ihre Krone.

»Jetzt weiß ich, wie sie heißen soll«, ruft Chloe und flüstert es Herrn Glockenturm ins Ohr. Der lächelt und nickt. Dann schreibt er den Namen auf einen der Zettel, die ein Tierpfleger verteilt. Chloe wirft das Papier in den Tombola-Korb. Gemeinsam setzen sie sich auf eine Bank und schauen dem Nilpferdbaby beim Spielen zu.

Wenig später ist es endlich so weit. »Liebes Publikum, jetzt bekommt unser neues Mitglied im Nilpferdhaus einen Namen«, verkündet der Tierpfleger. Er steht direkt vor dem Gehege und steckt seine Hand in den Korb mit den Zetteln. Alle Besucher werden leise und hören gespannt zu. »Es ist«, der Pfleger zieht ein Papier heraus und faltet es auseinander, »tatatata: Prinzessin Purzel. Das passt ganz wunderbar zu unserer kleinen Wasserprinzessin.« Die Besucher klatschen, und Petz bellt begeistert.
Chloe rutscht überrascht von der Bank. »Das war meine Idee.«
Sie kann es kaum glauben. Das Nilpferdbaby kriegt den
Namen, den sie sich ausgedacht hat.
»In den nächsten Tagen werden wir ein
Schild anfertigen und es hier an die
Informationstafel hängen«, erzählt

Prinzessin Purzel
Flusspferd (Hippopotamus amphibius)

der Pfleger. Dann fragt er, wer sich den Namen überlegt hat. Als Chloe sich meldet, überreicht er ihr eine Karte. »Zum Dank bekommst du für den Rest des Jahres freien Eintritt in den Zoo.« Er schaut Herrn Glockenturm an. »Und deinen Opa darfst du natürlich mitbringen.«

»Na, dann können wir ab sofort ja öfter herkommen, Eis essen und Prinzessin Purzel besuchen«, sagt Herr Glockenturm lächelnd. Und Petz bellt, als würde er sagen: »Das hast du ja fein hingekriegt, Chloe.«

Chloe strahlt vor Freude. Sie genießt den Ausflug mit ihrem neuen Opa, dem klugen Petz und Prinzessin Purzel. Die flitzt gerade zurück ins Wasser, spielt mit ihrer Krone aus Seegras und dreht ein paar wilde Purzelbäume.

Verhext noch mal

»Hokus pokus, 1-2-3,
das ist Geschenke-Zauberei.
Kava brava, Fledermaus,
als Kuchen kommst du jetzt heraus.«

Das Hexenmädchen Millie geht den Zauberspruch schon seit Tagen immer wieder im Kopf durch. Sie will ihn unbedingt auswendig können. Ihre Tante Gisella hat heute nämlich Geburtstag, und Millie möchte ihr einen ganz besonderen Kuchen zaubern. Einen aus heller und dunkler Schokolade, der aussieht wie eine Fledermaus. Das ist Tante Gisellas Lieblingstier.

»Bist du fertig?«, fragt ihre Mutter. Sie hat einen bunten Mondblumenstrauß in der Hand, der mit glitzerndem Feuerkrautstaub besprüht ist. Drum herum sind hübsche Spinnweben gewickelt.

»Es kann losgehen.« Millie hat sich für den Geburtstag richtig schick gemacht. Sie trägt ihr blaues Kleid mit den Sternen drauf, die im Dunkeln leuchten. Eilig schnappt sie sich ihren Besen und folgt Mama aus der Tür raus auf die Straße. Gemeinsam sagen sie:

Fliegt los, ihr Besen,
huff, huff, puff,
ab durch die Lüfte,
puff und huff.

Schon heben die beiden ab. Immer höher steigen sie, bis über das Dach ihres Hauses hinweg. Vorne am Dorfbrunnen machen sie eine Kurve nach links in Richtung Marktplatz. Millies blaues Kleid mit den Sternen drauf flattert um ihre Beine. Der Wind weht kräftig. Zum Glück hat Millies Mutter den bunten Mondblumenstrauß zuvor noch klein gehext und in eine Schachtel gepackt. So geht er nicht kaputt.

»Hokus pokus, 1-2-3,
das ist Geschenke-Zauberei.
Kava brava, Fledermaus,
als Kuchen kommst du jetzt heraus.«

wiederholt Millie den Spruch in Gedanken. Da passiert es. Millie ist so in ihren Zauberspruch vertieft, dass sie nicht aufpasst und mit den Füßen die Kirchturmspitze streift.

»Huch«, quietscht sie erschrocken. Mama schaut streng zu ihr nach hinten. »Konzentriere dich auf den Flugweg. Sonst baust du noch einen Unfall«, sagt sie.

Millie nickt und versucht, nicht an ihren Zauberspruch zu denken – wenigstens ein paar Minuten lang.

Am Haus von Tante Gisella angekommen, landen Millie und ihre Mama im Garten. Am Tor stehen schon mindestens zwanzig andere Besen. Das ist offenbar eine riesengroße Party.

»Oh, wie schön, da seid ihr ja«, freut sich Tante Gisella. Sie winkt die beiden zu sich rein. Zur Feier des Tages hat sie sich einen lila Hexenhut mit einer großen, goldenen Schleife aufgesetzt. Und beim Friseur war sie auch. Ihre sonst so struppigen Haare fallen blitzgepflegt über ihre Schultern. Das Wohnzimmer ist voller Gäste. Alle lachen und unterhalten sich und trinken Rote-Grütze-Saft mit Gänseblümchen. Hm, lecker!

»Herzlichen Glückwunsch«, sagt Millies Mutter. Sie überreicht Tante Gisella den Strauß, den sie schnell aus der Schachtel genommen und wieder groß gehext hat.

Nun ist Millie mit ihrem Geschenk dran. »Ich will dir etwas zaubern«, sagt sie und räuspert sich.

»Oh, wie nett.« Tante Gisella klatscht in die Hände. »Ruhe bitte, Millie hext mir etwas vor.«

Mit einem Schlag sind alle Gäste mucksmäuschenstill und sehen Millie neugierig an.

»Ähm«, sagt sie. Sie hat zwar lange geübt, aber mit so vielen Zuschauern hat sie nicht gerechnet. Wie ging noch mal der Spruch? »Hokus pokus …«, beginnt sie. Dann muss sie nachdenken.

»1-2-3«, flüstert Mama ihr zu.

Ach ja. Stimmt. Millie erinnert sich wieder. Also noch mal von vorne:

> »Hokus pokus, 1-2-3,
> das ist Geschenke-Zauberei.
> Kava brava, Fledermaus,
> aus dem Kuchen kommst du raus.«

»Nein«, ruft Mama noch, aber da ist es schon zu spät. Es macht *Huff* und danach *Puff.* Im nächsten Moment flattert eine dunkelgraue Fledermaus aus einem Käsekuchen heraus, der zwischen den anderen Süßigkeiten auf dem Geburtstagstisch steht. Die Fledermaus fliegt direkt auf Tante Gisella zu. Sie bleibt an der goldenen Schleife hängen, sodass der neue Hut runterfällt. Einige Gäste kreischen, weil sie sich so erschrecken. Und die Fledermaus dreht noch ein paar Runden über Tante Gisellas Kopf und zerzaust dabei ihre schön frisierten Haare.

»Oh nein«, stöhnt Millie. Vor Aufregung hat sie den letzten Satz von ihrem Zauberspruch verdreht.

Sie hebt den lila Hexenhut mit der goldenen Schleife auf, die nun ganz zerknittert ist. »Das wollte ich nicht«, sagt sie und sieht ihre Tante zerknirscht an. »Es sollte eigentlich nur ein Fledermauskuchen werden.«

Ihre Mutter beugt sich zu ihr runter und flüstert:

»Bring das schnell in Ordnung.«

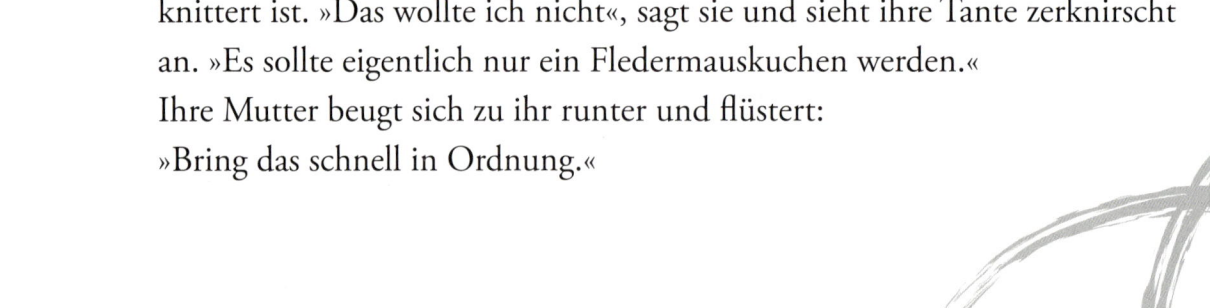

Doch da hebt Tante Gisella ihre Hand. »Nein, nein, ich mag das Geschenk.« Sie tätschelt die Mäuseohren, die aus ihren Haaren hervorschauen. Dort hat sich die Fledermaus nämlich versteckt. »Außerdem habe ich schon genug Kuchen bekommen. Ich brauche nicht noch einen. Lasst uns lieber die Holunderblütenschnitten da drüben probieren. Vielleicht mag mein neues Haustier auch ein Stückchen.«

Millie fällt ein riesiger Stein vom Herzen. Ihre Tante Gisella ist einfach die Beste. Und die beiden Mäuseohren auf ihrem Kopf sehen fast so aus wie eine hübsche, rosa-graue Haarschleife.

Das Königsessen

Im Schloss herrscht große Aufregung. Maries Eltern, König und Königin von Zwiebelstein, empfangen heute Gäste aus dem Königreich von Siebensee. Es liegt hinter den sieben Bergen direkt bei den sieben Seen. Also ziemlich weit weg. Schon seit Tagen putzen die Diener das Schloss und beseitigen sämtliche Staubkörner, die sie finden können. Alles soll blitzeblank sein. In der Küche werden die leckersten Speisen gekocht, und die Schneider nähen wunderschöne Kleider. König und Königin von Zwiebelstein bekommen rot-goldene Gewänder und tragen ihre frisch polierten Kronen auf dem Kopf. Auch Marie soll ein neues Prinzessinnenkleid anziehen. Es ist rosarot mit ganz viel Tüll und Glitzersteinen. Eigentlich hätte Marie lieber ein blaues Kleid gehabt. Blau ist ihre Lieblingsfarbe. Ihre Eltern meinen aber, dass eine richtige Prinzessin Rosa tragen muss. Auch ihr Krönchen soll Marie heute aufsetzen, obwohl es immer ganz fürchterlich an den Haaren ziept. Blöder Besuch, denkt Marie und setzt es sich auf den Kopf.

Als die Kutsche der Könige von Siebensee einfährt, trompeten die Musiker am Tor laut los. Sofort öffnen die Diener die großen, goldenen Schlosstüren, hinter denen sich Marie mit ihren Eltern aufgestellt hat.

»Willkommen bei uns«, sagt ihr Vater. Zuerst steigen der König von Siebensee und seine Königin aus der Kutsche. Auch sie haben sich schick

gemacht mit ihren rot-goldenen Kleidern und den schimmernden Kronen. Nach ihnen klettert der Prinz auf den Kiesweg. Er ist ungefähr in Maries Alter und trägt ein gelbes Hemd mit breiten Ärmeln. Die sehen aus wie Fledermausflügel, findet Marie. Außerdem hat der Prinz gelbe Pluderhosen an. Marie kann sich ein Grinsen nicht verkneifen. Der Prinz grinst zurück und verbeugt sich.

»Ich fühle mich wie ein Clown«, flüstert er Marie zu. »Am liebsten trage ich enge, braune Hosen und Hemden. Aber zur Feier des Tages haben mir meine Eltern das hier nähen lassen.«

Marie kann Ludwig, so heißt der Prinz, sofort gut leiden. Sie zupft an ihrem Kleid. »Ich weiß genau, wie es dir geht. Rosa Tüll ist schrecklich. Ich mag Blau viel lieber.«

Tuschelnd folgen die beiden ihren Eltern in den Speisesaal. Dort warten die Diener schon mit Platten voller Nudeln, Kartoffeln, Fleischklößchen, Obst und Kuchen auf sie.

Marie entscheidet sich für Nudeln in einer blauen Soße. Sie hat keine Ahnung, was das für eine Soße ist. Aber erstens ist Blau ihre Lieblingsfarbe, und zweitens riecht es superlecker. Hm, und es schmeckt genauso gut. Marie kann gar nicht genug davon kriegen. Und da passiert es. Eine Nudel rutscht vom zu vollen Löffel. Marie versucht, sie noch aufzufangen, doch da ist es schon zu spät. Die Nudel landet mitten auf dem rosa Kleid. Platsch!

»Ups.« Schnell schrubbt Marie mit der Serviette drüber. Dabei wird der blaue Fleck aber nur noch größer. Ein Diener kommt mit einem feuchten Tuch zu Hilfe, doch das nützt auch nicht viel.

»Immerhin hast du jetzt einen Tupfer in deiner Lieblingsfarbe auf dem Kleid«, flüstert Ludwig und grinst.

Maries Mutter findet das Missgeschick gar nicht lustig.

Sie beugt sich zu Marie rüber. »Das muss doch nicht sein. Du blamierst uns vor den Gästen.«

»Tut mir leid«, antwortet Marie. Ihre Mutter hat recht. Eine Prinzessin sollte nicht schlingen und natürlich auch nicht kleckern. Schon gar nicht, wenn Besuch da ist. Beim Nachtisch traut sich Marie deshalb nicht, ihre Schokoladencreme zu essen. Wenn davon auch noch etwas auf ihr Kleid käme, wären ihre Eltern bestimmt stinkesauer. Also knabbert sie lustlos an einem Stück Apfel herum.

Da macht es plötzlich *Platsch*, und ein Löffel braune Schokocreme landet mitten auf der Hose des Prinzen.

»Ups«, sagt Ludwig und schrubbt mit einer Serviette über den Fleck. Dabei zwinkert er Marie zu. War das etwa Absicht?

»Immerhin ein kleiner Tupfer in deiner Lieblingsfarbe auf der Hose«, flüstert Marie.

Ludwigs Mutter findet das Missgeschick natürlich gar nicht lustig. Sie beugt sich zu ihrem Sohn rüber. »Das muss doch nicht sein. Du blamierst uns vor unseren Gastgebern.«

»Tut mir leid«, antwortet er.

König und Königin von Zwiebelstein und König und Königin von Siebensee schütteln die Köpfe. »Ach, diese Kinder«, sagen sie, »die müssen noch so viel lernen.«

Maries Vater bestellt süßen Nachtischwein für die Erwachsenen. Und als einer der Diener herbeieilt, passiert es. Königin von Siebensee hebt die Hand. Dabei stößt sie aus Versehen gegen das Tablett mit den Weingläsern.

»Ups«, ruft der Diener. Maries Mutter und König von Siebensee springen hoch, um das Tablett aufzufangen, doch da ist es schon zu spät. Die Gläser fallen in hohem Bogen vom Tablett. Es spritzt in alle Richtungen, und ein Glas landet direkt in der Krone von Ludwigs Mutter. Überall tropft lila Wein an den rot-goldenen Gewändern der Könige herunter.

Marie und Ludwig, die weit genug wegsitzen und nichts abgekriegt haben, schauen sich an. Zuerst heben sich nur ihre Mundwinkel ein bisschen. Dann grinsen sie breit.

»Ach, diese Eltern«, sagt Ludwig. »Die müssen noch so viel lernen.«

Marie prustet los, und sogar die Erwachsenen fangen an zu lachen.

Der Besuch ist doch nicht so blöd, denkt Marie und setzt ihre Krone ab. Die ziept nämlich furchtbar in den Haaren. Aber ob sie sie anhat oder nicht, interessiert jetzt auch niemanden mehr.

 90

Das Wolkeneinhorn

»Lecker.« Leonie zupft an der Zuckerwatte, die Papa gerade gekauft hat. Gemeinsam mit ihren Eltern und ihrem älteren Bruder Jonas schlendert sie über den Jahrmarkt. An einer Losbude bleiben sie stehen.

»Vielleicht gewinnen wir ja was.« Papa holt seinen Geldbeutel aus der Tasche und zahlt für alle eine Runde.

Tatsächlich hat Mama Glück. Sie darf sich eine kleine Plastikente nehmen, die man beim Baden in der Wanne schwimmen lassen kann.

Als Nächstes öffnen Jonas und Papa ihr Los. Leider gewinnen sie nichts. Auf Leonies Zettel ist ein Ballon abgebildet. Was das wohl bedeutet?

»Herzlichen Glückwunsch, junge Dame«, sagt der Losbudenbesitzer und klatscht in die Hände. »Du hast den Hauptgewinn gezogen und darfst eine Runde mit dem Heißluftballon fliegen.«

»Echt?« Leonie staunt, als sie den riesigen, bunten Ballon

sieht, der neben dem Riesenrad in der Luft schwebt. Das sieht ja aufregend aus.

Mama findet das auch. »Hui, mir wird schon beim Hinsehen schwindelig«, sagt sie.

»Vielleicht können wir den Gewinn ja gegen etwas anderes tauschen? Noch eine Quietschente oder so?«, überlegt Papa. Ihm ist der Heißluftballon auch nicht ganz geheuer.

»Nie und nimmer«, ruft Leonie. Sie wedelt mit ihrem Los in der Luft herum. »Ich will unbedingt fliegen. Immerhin hab ich gewonnen.«

Jonas hüpft vor Freude auf und ab. »Ich will auch mit«, sagt er.

Gemeinsam gehen sie rüber zum Ballon. Der Steuermann steht in einem großen Korb, der an dicken Seilen direkt unter dem Ballon hängt. Mama und Papa schauen sich kurz an, dann nicken sie.

»Also gut«, sagt Mama. »Ihr Kinder dürft eine Runde mitfliegen.«

Das lassen sich Leonie und Jonas nicht zweimal sagen. Sie klettern zu dem Steuermann in den Korb. Der löst die Leinen und wirft ein paar Sandsäcke ab, die an der Seite hängen. Dann dreht er an einem Ventil, das kräftig in den Ballon hineinbläst.

»Auf geht's, hoch zu den Wolken«, sagt er und zwinkert den beiden zu.

»Vielleicht lässt sich heute ja eine von ihnen streicheln. Manchmal mögen sie das. Gestern habe ich die Strahlen der Sonne gekitzelt. Sie haben sich gekringelt vor Lachen.«

Jonas und Leonie grinsen sich an. So was geht doch gar nicht.

Schon heben sie ab und fliegen los. Sie winken ihren Eltern zu, die unter ihnen kleiner und kleiner werden. Bald schweben sie über das Riesenrad hinweg. Von hier oben sieht der Jahrmarkt aus wie eine bunte, blinkende Lichterkette vom Weihnachtsbaum.

»Ah, dahinten kommt eine ganze Wolkenschafherde, schaut mal.«

Der Steuermann zeigt durch die Seile hindurch, die den Korb mit dem Ballon verbinden.

Leonie und Jonas suchen mit den Augen den Himmel ab. Der Steuermann hat recht. Mehrere Wolken ziehen am Riesenrad vorbei. Sie sind rund und flauschig wie richtige Schafe.

Jonas beugt sich vor und deutet auf eine Wolke. »Die sieht aus wie ein Einhorn«, sagt er verblüfft.

Tatsächlich. Die Wolke, die gerade noch ein Schaf war, hat nun vier lange Beine und einen dicken Schweif. Vorne zwischen den Ohren ragt ein spitzes Horn hervor.

»Ich fliege mal näher ran«, sagt der Steuermann und zieht an einem Seil.

»Können wir das wirklich anfassen?«, fragt Leonie.

Er nickt. »Wenn es euch lässt.«

Schon schweben sie direkt neben das Wolkeneinhorn. Leonie und Jonas strecken ihre Hände aus und berühren es mit den Fingerspitzen.

»Fühlt sich an wie Zuckerwatte«, sagt Leonie überrascht. Sie hätte nicht gedacht, dass man Wolken wirklich anfassen kann.

Jonas streicht vorsichtig mit der Handfläche über den Einhornbauch.

»Die Wolken schmecken auch so«, verrät der Steuermann grinsend. Und als die Kinder daraufhin ihre Finger abschlecken, haben sie wirklich einen zuckersüßen Karamellgeschmack im Mund.

Nun dreht das Einhorn ab. Es schließt sich der restlichen Wolkenherde wieder an. Der Steuermann beginnt mit dem Sinkflug. Auf dem Weg nach unten schauen Leonie und Jonas dem Einhorn hinterher. Wohin es wohl fliegen wird?

Als sie auf dem Boden aufsetzen, klettern sie aus dem Korb und laufen aufgeregt zu ihren Eltern.

»Wir haben eine echte Wolke gestreichelt«, erzählt Jonas.

»Ein Wolkeneinhorn«, fügt Leonie hinzu. »Es hat wie Zuckerwatte geschmeckt.«

Natürlich glauben Papa und Mama ihnen kein Wort. Und als Leonie in den Himmel zeigt, um es zu beweisen, ist da kein Einhorn mehr. Auch der Rest der Wolkenherde ist verschwunden.

Haben sich die Kinder das alles etwa nur eingebildet? Nein, ganz sicher nicht. Sonst hätten sie jetzt nämlich keinen zuckersüßen Karamellgeschmack im Mund. Der kommt eindeutig von dem wattigen Wolkenbauch des Einhorns.

»Lasst uns zum Kettenkarussell gehen«, schlägt Papa vor und schlendert mit Mama weiter. Jonas und Leonie schauen noch einmal zum Steuermann rüber, bevor sie ihren Eltern folgen. Er zwinkert ihnen zu und hilft den nächsten Besuchern in seinen Korb.

 94

Drachenopa Willibald ist der Beste

»Puuuuuusten! Du musst ganz fest pusten! Schau mal, so geht das.«
Papa Drache räuspert sich und speit einen so großen Feuerstrahl,
dass er beinahe den Baum auf dem Hügel abfackelt. Es zischt und
blitzt gelb, rot und sogar ein bisschen grün. Zum Glück sind Papa und
Frederick zum Feuerspeien nach draußen gegangen. Ganz in der Nähe fließt
ein Bach. Sein Plätschern ist bis hier oben zu hören. Es gibt also genug Wasser, falls irgendwas gelöscht werden muss.
»Jetzt du«, fordert Papa seinen Sohn auf.
»Okay.« Frederick konzentriert sich und pustet
kräftig. *Pft*, macht es. Statt einer gelb-rot-
grünen Riesenflamme kommt aber ge-
rade mal eine kleine, graue Rauchwolke aus Fredericks Nase.

»Nein, nein, nein«, sagt Papa. Ungeduldig trippelt er auf seinen Tatzen herum. »Ich zeig es dir noch mal.« Wieder speit er einen heißen Strahl in die Luft. Dieses Mal erwischt er sogar ein Blatt vom Baum. Knisternd verbrennt es. Zum Glück flammt das Feuer aber nicht weiter, sondern erlischt gleich wieder.

»Jetzt du«, sagt Papa zu Frederick. »Das ist doch wirklich nicht so schwer.«

»Ist es wohl.« Frederick versucht es erneut und danach wieder und wieder. Aber immer macht es nur leise *pft*, und klitzekleine Rauchwolken kommen aus seiner Nase. Ohne bunte Farben und ohne Funken und Zischen. Irgendwann gibt Frederick auf. Sosehr er sich auch anstrengt, er kann es einfach nicht. Vielleicht ist er ja gar kein richtiger Drache?

Sein Papa seufzt. »Wieso klappt das denn nicht? Du musst doch nur pusten.« Die beiden setzen sich ins Gras und schauen ratlos runter zum Bach.

Da kommt Drachenopa Willibald zu ihnen hochspaziert. Er hat gerade gebadet und wischt sich die letzten Wassertropfen von seiner schuppigen Haut.

»Von wegen, nur pusten«, sagt Opa. »Du musst es Frederick schon richtig erklären. Dann schafft er das auch.« Er setzt sich neben den kleinen Drachen und legt einen Arm um seine Schultern. »Schließ mal die Augen und fühle das Feuer in deinem Bauch. Merkst du, wie heiß es da drin ist?« Frederick überlegt. Hm, ja, vielleicht ist sein Bauch wirklich ein bisschen warm.

»Dann stell dir vor, wie ein schmaler Strahl nach oben wandert.«

Das ist zwar nicht leicht, aber Frederick versucht es.

Sein Opa steht auf und klopft ein bisschen Moos von seinem dicken Drachenpopo. »Irgendwann fühlst du den Feuerball in deinem Mund. Und dann musst du ihn nur noch durch die Nase rauspusten. Das ist so, wie wenn du niest. Komm, lass es uns zusammen probieren.«

»Okay«, sagt Frederick und stellt sich neben Opa Willibald.

»Erst spüren wir das Feuer in unserem Bauch«, erklärt der.

Frederick legt seine Kralle auf die warme Stelle unter seinem Herzen.

»Dann denken wir an einen Strahl, der nach oben wandert.«

Frederick merkt, wie es in seinem Hals zu glühen beginnt. Es fühlt sich an, als hätte er einen zu heißen Kartoffelkloß verschluckt.

»Wenn der Feuerball im Mund ankommt, kann es losgehen«, sagt Opa.

Tatsächlich kribbelt plötzlich Fredericks Nase. Auch die von seinem Opa fängt an zu wackeln.

»Und jetzt pusten wir ihn volle Pulle raus.«

Wie wenn man niest, denkt Frederick noch, dann passiert es. Zusammen mit seinem Opa speit er seinen ersten richtigen Feuerfunken. Kein *pft* und keine mickrige, graue Rauchwolke schießen aus seiner Nase, sondern ein kleines zischendes, gelb-rot-grünes Drachenfeuer.

»Juhu!« Frederick hüpft vor Freude wie ein Flummi über die Wiese. »Ich kann Feuer speien. Ich bin doch ein richtiger Drache.«

Er versucht es gleich noch mal, und

wieder klappt es. Natürlich ist der Strahl nicht so groß wie der von seinem Papa. Aber Frederick ist trotzdem stolz.

Opa Willibald lacht. »Fackel jetzt aber bloß nicht den Baum ab. Der ist viel zu schön.«

»Versprochen.« Frederick legt seine Kralle auf die Stelle am Bauch, an der er schon wieder die Hitze spürt. Vorsichtshalber geht er ein paar Drachenschritte von dem Baum weg, bevor er seine nächsten Feuerfunken spuckt.

Die Prinzessin und die Erbse

 »Kennst du das Märchen: Die Prinzessin auf der Erbse?«, fragt Papa. Nico schüttelt den Kopf. Er hat es sich in seinem Bett gemütlich gemacht. Papa sitzt neben ihm.

»Darin geht es um einen Prinzen«, erzählt er, »der eine echte Prinzessin suchte, die er heiraten konnte. Aber obwohl er die ganze Welt bereiste, fand er einfach keine, die ihm gefiel. Eines Abends gab es ein schlimmes Unwetter. Es blitzte und donnerte und regnete in Strömen. Da tauchte am Schlosstor ein pitschenasses Mädchen auf. Es behauptete, eine echte Prinzessin zu sein. Aber es sah kein bisschen so aus. Die Mutter des Prinzen überlegte deshalb, wie man herausfinden könnte, ob das Mädchen die Wahrheit sagte. Und da kam ihr eine Idee. Heimlich legte sie eine Erbse auf den Boden des Bettes, in dem das Mädchen übernachten sollte. Über die Erbse stapelte sie zwanzig Matratzen und zwanzig Daunendecken.«

»Zwanzig Stück?«, hakt Nico nach. Er stellt sich vor, wie hoch sein Bett mit zwanzig Matratzen wäre.

Wahrscheinlich würde es bis unter
die Decke reichen. Dann bräuchte
Nico eine Leiter, um hochzukom-
men. Vielleicht würde es oben
sogar ein bisschen schwanken. So
wie auf einem Boot.
»Ja genau, zwanzig Matratzen
und zwanzig Daunendecken«,
bestätigt Papa und fährt fort:
»Am nächsten Morgen fragte die
Königin das Mädchen, wie sie
geschlafen hatte. Und die antwor-
tete, dass sie die ganze Nacht kein
Auge zutun konnte, weil sie auf
etwas Hartem lag.«

»Aber da waren zwanzig Matratzen unter ihr«, sagt Nico. »Das kann doch nicht hart gewesen sein.«
»Stimmt, aber genau das war der Beweis, den die Königin brauchte. Denn nur eine echte Prinzessin ist so empfindlich, dass sie eine klitzekleine Erbse unter einem Berg von Matratzen spüren kann. Also konnte der Prinz endlich heiraten.«

»Komische Geschichte«, findet Nico. Er steht auf und schiebt eine seiner Murmeln unter die Matratze. Dann legt er sich drauf und wälzt sich hin und her. Nichts. Er merkt nicht den kleinsten Unterschied. Klar, er ist keine Prinzessin und deshalb bestimmt auch nicht so empfindlich. Aber er hat ja auch keine zwanzig Bettdecken und Matratzen übereinandergestapelt, sondern nur jeweils eine. Bestimmt ist es unmöglich, eine Erbse spüren zu können. Prinzessin hin oder her.

»Vielleicht war es in Wirklichkeit ganz anders, und die Geschichte stimmt so nicht«, überlegt Papa.

Nico denkt eine Weile nach. »Ich glaube«, sagt er schließlich, »dass es gar keine Erbse war. Die Prinzessin lag in Wahrheit auf einem Apfel. Der ist größer.«

»Aber würde man den denn spüren?«, fragt Papa.

»Es kann auch eine Melone gewesen sein.« Erst neulich hat Nico im Supermarkt mit Mama eine Wassermelone gekauft. Die war riesig. Mindestens so groß wie ein Fußball. Und dazu auch ziemlich schwer.

»Gute Idee.« Papa nickt. Doch dann runzelt er die Stirn. »Allerdings wäre der Matratzenberg dann total schief gewesen. Er hätte mitten in der Nacht auseinanderrutschen können, und die Prinzessin wäre runtergeplumpst. Nein, das hätte die Königin bestimmt nicht zugelassen.«

Da hat Papa recht, findet Nico. Also war es wohl auch keine Melone. Aber wie ist die Geschichte dann in Wirklichkeit gewesen? Wieder denkt er angestrengt nach, aber ihm fällt einfach nichts mehr ein.

»Ich hab's«, sagt Papa und grinst breit. »Die Prinzessin hat durchaus auf einer Erbse geschlafen.«

»Nee.« Nico schüttelt den Kopf. Er zupft an seiner Decke und lehnt sich an Papas Schulter. »Das haben wir doch schon längst ausgeschlossen.«

»Wir haben aber nicht bedacht, dass die Prinzessin eine Erbsenallergie hatte.«

»Eine Erbsenallergie?«

»Genau. Als die Prinzessin abends auf das Bett kletterte, haben schon ihre Fußsohlen gekribbelt. Natürlich hat sie dann nachts kein Auge zugetan. Wegen der Allergie hat nämlich ihr Popo ganz fürchterlich gejuckt.«

Bei dem Gedanken muss Nico lachen.

»Nur die Erbse konnte der Grund dafür sein, dass die Prinzessin einen so roten Popo hatte«, überlegt Papa weiter. »Und deshalb war sie sich am nächsten Tag auch sicher, dass sie auf einer Erbse geschlafen haben musste.«

Nico ist überzeugt. »So war es ganz bestimmt«, sagt er. »Genau so und nicht anders. Nur lässt man diesen Teil der Geschichte weg, weil das total peinlich ist für die Prinzessin.«

Papa drückt ihm einen Kuss auf die Stirn. »Perfekt, wir haben das Rätsel um die komische Geschichte von der Prinzessin und der Erbse gelöst. Jetzt wird geschlafen, und morgen erzähle ich dir ein neues Märchen.«

»Dann überlegen wir aber auch wieder, was in Wirklichkeit passiert ist«, sagt Nico.

»Natürlich.« Papa knipst das Licht aus, und Nico schließt die Augen. Er stellt sich vor, dass unter ihm zwanzig Matratzen und Decken aufeinandergestapelt sind. Sein Bett reicht bis hoch zur Decke. Ohne eine Leiter kommt er gar nicht rauf. Und es schwankt ein bisschen. So wie auf einem Boot oder in einer kuscheligen Hängematte. Die Murmel liegt noch immer unter seiner Matratze. Genau unterhalb seiner Schulter. Huch, wieso juckt es ihn denn da auf einmal?

Eine Flüsterpostgeschichte

»Meine Tochter heiratet, juhuuuu.« Der König macht einen ganz unköniglichen Hüpfer. Er springt in die Luft, wirft seine Beine zur Seite und klopft die Fersen gegeneinander. Dabei klirrt es leise, weil die Edelsteine an seinen Schuhen aufeinanderprallen. Als der König wieder auf den Boden zurückplumpst, gerät er aus dem Gleichgewicht. Normalerweise macht er so seltsame Hüpfer nämlich nicht. Zum Glück ist sein Diener Eduard sofort zur Stelle und fängt ihn auf. »Wir müssen das Fest planen«, japst der König. Er ist ein bisschen außer Atem. »Die Hochzeit soll schon zur Mittagszeit in drei Tagen stattfinden. Ich will, dass alle kommen: die Trolle und die Elfen, die Einhörner und die Riesen, die Fingerlinge und die Schrate. Sag sämtlichen Waldbewohnern Bescheid.«

»Natürlich, eure Majestät«, antwortet Eduard und macht sich sofort auf den Weg. Während er durch die endlosen Gänge des Schlosses eilt, überlegt er fieberhaft, wie er die Neuigkeiten verbreiten kann. Der Wald ist groß und nahezu undurchdringlich. Das schafft er niemals vor Sonnenuntergang.

106

»Huhu-huhu, was ist denn hier für ein Tohuwabohu?«, uhut es im nächsten Moment. Eulalia, die Waldeule, schaut durch eines der Schlossfenster herein. »Alle rennen herum, als wären sie verrückt geworden.«

Eduard bleibt stehen. »Das liegt daran, dass Prinzessin Mandarine heiratet. Zur Mittagszeit in drei Tagen gibt es ein großes Fest«, ruft Eduard ihr zu. Er wischt sich den Schweiß von der Stirn. Von der ganzen Rennerei ist ihm schon ganz schwindelig. »Ich habe deswegen auch gar keine Zeit, ich muss dringend los.« Trotzdem rührt sich Eduard nicht vom Fleck und mustert Eulalia nachdenklich. Da kommt ihm eine Idee: Die Eule hat doch Flügel. Das heißt, sie kann im Nu

durch den ganzen Wald fliegen und alle informieren. So bleibt Eduard mehr Zeit, um dem König bei den Vorbereitungen im Schloss zu helfen. Perfekt! »Kannst du den Waldbewohnern vielleicht Bescheid geben?«, fragt er.

»Klar«, Eulalia nickt. »Was soll ich denn sagen?«

»Die Trolle und die Elfen sind eingeladen«, sagt Eduard und erinnert sich, was der König ihm gerade aufgetragen hat. »Natürlich sind auch die Fingerlinge und Schrate gern gesehene Gäste. Und auf die Einhörner und die Riesen freut sich der König ganz doll.« Er überlegt kurz. »Die Trolle und die Elfen können gerne etwas von ihrem leckeren Zaubersaft mitbringen. Und wenn die Fingerlinge und Schrate möchten, dürfen sie ein paar ihrer tollen Lieder singen.« Den Saft und die Lieder mag Eduard ganz besonders.

»Gut«, ruft Eulalia und fliegt davon.

Im Wald trifft Eulalia auf die Trolle und die Elfen. »Prinzessin Mandarine heiratet«, erzählt sie ihnen. »Das Fest findet zur Mittagszeit in drei Tagen statt.« Dann denkt sie nach. Was hat Eduard noch mal gesagt? Ach ja, jetzt weiß sie es wieder. »Ihr seid eingeladen, wenn ihr euren leckeren Saft mitbringt.«

Die Trolle und die Elfen schauen sich verwirrt an. »Und was passiert, wenn wir den Saft nicht mitbringen?«, murmeln sie. »Dürfen wir dann etwa nicht kommen?«

Eulalia antwortet nicht. Ihr ist gerade eingefallen, dass sie heute Besuch kriegt und schnell nach Hause muss. »Könnt ihr bitte den anderen Waldbewohnern etwas

ausrichten?«, sagt sie deshalb und wiederholt eilig Eduards Nachricht: »Die Fingerlinge und Schrate sind gern gesehene Gäste. Sie können ihre tollen Lieder singen. Auf die Einhörner und die Riesen freut sich der König auch ganz doll.« Schon fliegt sie davon.

»Also ehrlich, ich finde das hundsgemein«, meckert ein Troll und stampft auf den Boden, dass die Büsche wackeln. »Wir Trolle und Elfen sollen Saft mitbringen, sonst sind wir nicht eingeladen. Alle anderen Waldbewohner dürfen aber einfach so zum Fest kommen.«

Eine Elfe mit blauen Flügeln verschränkt ihre schmalen Ärmchen vor der Brust. »Na, das wollen wir doch mal sehen.« Sie flattert zu der großen Lichtung, auf der die Fingerlinge und die Schrate wohnen. »Prinzessin Mandarine heiratet«, ruft sie. »Das Fest findet zur Mittagszeit in drei Tagen statt. Wir müssen Saft mitbringen. Ihr seid alle eingeladen, aber eure ollen Lieder dürft ihr nicht singen.«

»Wie bitte?«, piepst ein Fingerling. Er sitzt auf einem Pilz und sonnt sich. Sein Kopf wird auf einmal ganz warm. Das liegt nicht etwa an der Sonne,

sondern daran, dass er sich ganz furchtbar ärgert. »Wir singen spitzenmäßig gut, und unsere Lieder sind nicht oll, sondern toll!«, grummelt er vor sich hin.

Die Elfe zuckt mit den Schultern. »Auf die Einhörner und die Riesen freut sich der König ganz doll. Sagt ihnen das bitte.« Dann dreht sie sich um und fliegt davon.

Doch weil sich die Fingerlinge und die Schrate so sehr über die Nachricht aufregen, haben sie der Elfe schon gar nicht mehr richtig zugehört. Wütend stapft der kleine Fingerling mit dem roten Kopf zu den Einhörnern und den Riesen. Sie wohnen unten am Fluss.

»Prinzessin Mandarine heiratet«, wispert er ihnen zu. »Das Fest findet zur Mittagszeit in drei Tagen statt. Die Trolle und Elfen müssen Saft mitbringen. Wir dürfen nur kommen, wenn wir unsere ollen Lieder nicht singen. Und mit euch Einhörnern und Riesen wird es zu voll.«

Verdutzt schauen sich die Einhörner und Riesen an. »Heißt das, wir sind überhaupt nicht eingeladen?«, fragt ein Einhorn mit regenbogenfarbigem Schweif. Es hat gerade im Fluss gebadet. Doch der Fingerling antwortet nicht. Er ist schon wieder zwischen den Büschen verschwunden.

Am Tag der Hochzeit herrscht wildes Durcheinander am Hof. Die Diener räumen Tische und Stühle in den Schlossgarten. Die Köche stellen das beste Essen bereit. Die Prinzessin und der Prinz machen sich für ihre Hochzeit fertig. Der König hüpft immer wieder in die Luft und klopft die Fersen gegeneinander, weil er sich so sehr freut. Eduard hat alle Hände voll zu tun, ihn jedes Mal aufzufangen. Auch Eulalia ist da. Sie beobachtet das bunte Treiben. Und sie wundert sich ein bisschen. Wo bleiben denn die ganzen Waldbewohner? Neugierig dreht sie ihren Kopf nach links und nach rechts. Ah, da sind sie ja endlich: die Trolle und Elfen, die Fingerlinge und Schrate, die Einhörner und Riesen stapfen über den Rasen. Aber wieso sehen sie so sauer aus?

Eduard hat die Gäste ebenfalls entdeckt und geht auf sie zu. »Herzlich willkommen!« Er breitet die Arme aus. »Hat Eulalia die Nachricht vom König also rechtzeitig an euch weitergegeben?«

»Das hat sie«, ruft die Elfe mit den blauen Flügeln. »Aber wir werden nicht mitfeiern. Wir finden es nämlich unverschämt, dass wir nur kommen dürfen, wenn wir Zaubersaft mitbringen.«

»Und wenn man uns das Singen verbietet, bleiben wir auch zu Hause, so viel steht fest«,

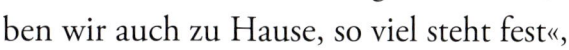

piepst der kleine Fingerling, der schon wieder einen roten Kopf hat. »Unsere Lieder sind nicht oll.«

»Und wir wollten nur mal schauen, wie voll es hier tatsächlich ist«, wiehert das Einhorn mit dem regenbogenfarbenen Schweif. »Pah, es gibt jede Menge Platz. Wieso also sind wir nicht eingeladen?«

»Hä?« Eulalia schüttelt verwirrt den Kopf.

Und auch Eduard versteht kein Wort. »Was redet ihr denn alle für einen Unsinn? Die Nachricht lautete: Die Trolle und die Elfen sind eingeladen. Sie können gerne etwas von ihrem leckeren Zaubersaft mitbringen. Natürlich sind auch die Fingerlinge und Schrate gern gesehene Gäste. Wenn sie möchten, dürfen sie ein paar ihrer tollen Lieder singen. Und auch auf die Einhörner und die Riesen freut sich der König ganz doll.«

Alle schweigen und denken einen Moment lang nach.

Als Erste meldet sich Eulalia. »Ich glaube, es ist meine Schuld. Vielleicht habe ich da was verdreht.«

»Nein, wir haben etwas missverstanden und die Nachricht nicht ganz richtig weitergegeben«, gibt die Elfe mit den blauen Flügeln zu.

»Wir auch«, sagt der Fingerling. Sein Kopf ist plötzlich gar nicht mehr rot. Das Einhorn mit dem regenbogenfarbenen Schweif wiehert vergnügt. »Na, wenn das so ist, kommen wir natürlich gerne.«

»Wir auch«, rufen alle anderen und verteilen sich im Garten.

Genau in diesem Moment treten die Prinzessin und der Prinz mit dem König aus dem Schloss. Sie begrüßen die Gäste fröhlich, und so wird es zum Schluss doch noch ein langes und lustiges Fest mit leckerem Zaubersaft, tollen Liedern und jeder Menge Besuchern aus dem Zauberwald. Wer hätte das gedacht?

Ein richtiger Ritter gibt niemals auf

»Endlich ist es so weit«, rief Anton von Ruhenstein und sprang aus dem Bett. Heute fand das erste Seifenkistenturnier auf Schloss Ruhenstein statt. In den letzten Wochen hatten Anton und sein großer Bruder Knut ununterbrochen an dem Wagen gebaut, geschraubt und geklebt. Jetzt war seine Seifenkiste fertig und Anton unglaublich stolz. Er fühlte sich fast wie ein richtiger Ritter. Seine Freunde und Anton gingen zwar noch nicht auf große Turniere und kämpften auch nicht mit richtigen Schwertern. Dafür waren sie viel zu jung. Irgendwann wollten sie aber berühmte Ritter werden. Und deshalb bereiteten sie sich schon jetzt mit ihren eigenen Spielen und Wettrennen auf die großen Ritterturniere vor.

»Guten Morgen«, rief sein Freund Albert von Mondkalb zu ihm hoch. Er war gerade auf dem Burgplatz angekommen, der für diesen Anlass extra schön geschmückt war.

Anton rannte zum Fenster und winkte ihm zu. Dessen Seifenkiste war schon seit Tagen fertig. Sie sah aus wie ein Schiff auf Rädern und hatte in der Mitte ein richtiges Segel.

Auch Ida von Ulknudel kam in diesem Moment mit ihrem Wagen an. Sie
hatte ein Pferd aus Holz gebaut. Der Schweif bestand aus dicker, bunter
Wolle, und der Körper war mit roten und blauen Tupfen übersät. Eilig zog
sich Anton an und rannte zu seinen Freunden hinunter. In der Zwischenzeit
war auch Karl von Tautropf eingetroffen. Seine Seifenkiste wirkte ziemlich
klapprig und hatte gerade mal drei Rollen. Eigentlich sollte es eine Burg
auf Rädern werden. Mit Zinnen aus Pappe. Doch irgendwie hatte das nicht
richtig geklappt. Und so erinnerte Karls Gefährt eher an ein krummes
Hexenhaus.

»Da seid ihr ja alle«, sagte Anton. Sein Herz klopfte ganz wild vor Freude.
Er holte seinen Holzwagen aus dem Stall. Die anderen staunten nicht
schlecht. In den letzten Tagen hatte er es noch angemalt. Die Seifenkiste
hatte die Form eines Drachen. Ein langer, grüner Körper, ein wuchtiger

114

Kopf und ein Maul voller spitzer Zähne ragten vorne in die Höhe. In der Mitte, zwischen dem schuppigen Körper, befand sich Antons Sitzplatz. Und hinten streckte sich ein glänzender Schwanz in die Luft. Die Räder auf der Unterseite konnte Anton mithilfe eines kleinen Lenkrads bewegen.

Zusammen gingen die Kinder zum Startpunkt auf den Hügel gleich hinter der Burg.

Sie zogen sich Knieschoner und Ellenbogenschützer an. Ein umgedrehter Topf diente ihnen als Helm.

»Bitte alle aufstellen«, rief Antons großer Bruder Knut, der bereits zusammen mit ein paar Freunden auf sie gewartet hatte.

Albert von Mondkalb kletterte in sein Schiff, Ida von Ulknudel auf ihr Pferd. Karl von Tautropf setzte sich in sein krummes Hexenhaus. Und Anton bestieg seinen Drachen.

»Aaaaaaachtung!« Knut winkte mit einer Fahne. »Drei – zwei – eins – looooooooos.«

Ihre Freunde schoben die Wagen an, und schon rollten sie den Berg hinunter.

»Juhuuuuuu«, jubelte Anton vor Freude. Er war Erster! Die anderen blieben hinter ihm zurück. Anton lachte: Er war schnell wie der Wind. Zumindest für einen Moment. Dann fuhr er dummerweise über einen Stein. Es ruckelte und zuckelte. Eines der Räder löste sich. Es knatterte und knarzte. Der Drache schubberte über den Boden. Da half es auch nicht, dass Anton kräftig am Lenkrad drehte und versuchte, das Gleichgewicht wieder-

zufinden. Seine Seifenkiste kippte zur Seite und rutschte mitten hinein in einen Beerenbusch. Als Anton den Kopf herausstreckte, zischte gerade Albert von Mondkalb an ihm vorbei. Anton spuckte ein paar Beeren aus, die in seinem Mund gelandet waren. So ein Mist!

Ida von Ulknudel warf Anton einen besorgten Blick zu, als ihr Pferdewagen ihn erreichte.

»Mach weiter, alles okay«, rief er ihr zu. Sie nickte und nahm die Verfolgung von Albert auf. Gleich hinter ihr ruckelte das krumme Hexenhaus von Karl in Richtung Ziel. Traurig sah Anton seinen Freunden hinterher. Für ihn war das Seifenkistenrennen vorbei.

»Ist alles in Ordnung?« Keuchend kam sein Bruder Knut angerannt und half ihm hoch. Anton nickte. Ihm war nichts passiert.

Er war weich gelandet. Außerdem hatte er ja die Knieschoner, die Ellenbogenschützer und den Topfhelm an.

Aber Anton war traurig. »Ich wäre so gerne durchs Ziel gekommen«, mur-
melte er.

Da packte Knut der Große die kaputte Seifenkiste. »Weißt du, was einen
richtigen Ritter ausmacht?«

Anton schüttelte den Kopf.

»Dass er niemals aufgibt. Also los.«

»Okay.« Schnell schnappte sich Anton das abgefallene Rad und half seinem
Bruder beim Tragen des Holzdrachen. Zusammen rannten sie das restliche
Stück Berg hinunter.

»Geschafft«, brüllten sie, als sie die Ziellinie überquerten.

Ida von Ulknudel hatte gewonnen. Mit ihrem Pferd war sie in letzter
Sekunde noch am Schiff von Albert vorbeigezogen. Als Siegerin bekam sie
einen großen Pokal.

Alle anderen erhielten eine goldene Medaille. Auch Anton.

Sie funkelte und blitzte in der Sonne.

»Du kannst stolz sein«, sagte sein Bruder. »Immerhin bist du mit deinem
Drachen durch das Ziel gekommen. Dass nicht er dich, sondern du ihn
getragen hast, ist doch nicht so wichtig.«

Er lachte, und auch Anton musste grinsen. Da hatte sein Bruder wohl recht.
Und das nächste Mal würde es ganz sicher besser klappen.

Tanz der Sternschnuppen

Mila ist kein bisschen müde. Als Papa in ihr Zimmer kommt und sagt, dass sie ins Bett muss, fühlt sie sich noch topfit. Sie hat gerade angefangen, ein Bild mit einer Prinzessin zu malen. Damit will sie jetzt nicht aufhören. Und weil ihre Prinzessin unbedingt noch ein Schloss und ein Pferd braucht, macht sie einfach weiter.

»Na los, geh schon mal ins Bad. Ich komme gleich und helfe dir.« Papa steht schon wieder in der Tür. Er scheucht Mila in den Flur. Im Bad überlegt sie, wie Prinzessinnen sich früher wohl die Zähne geputzt haben. Bestimmt hatten sie keine Zahnbürsten aus Plastik. Irgendwann kommt Papa rein, schrubbt Mila mit einem Waschlappen das Gesicht ab und kämmt ihr die Haare.

»Liest du mir noch eine Prinzessinnengeschichte vor?«, fragt Mila, nachdem sie in ihren Schlafanzug geklettert ist.

»Na klar«, sagt Papa.

In ihrem Zimmer zieht Mila ihr Lieblingsbuch aus dem Schrank und krabbelt ins Bett. Papa kuschelt sich dazu und nimmt Mila in den Arm. Dann beginnt er zu lesen. Er liest die erste Seite und die zweite. Bald ist er in der Mitte des Buches angekommen. Mila ist kein bisschen müder geworden. Papa liest weiter und hat irgendwann das Ende der Geschichte erreicht. Er schlägt das Buch zu. Auf der Vorderseite ist eine Prinzessin mit langen goldenen Haaren abgebildet.

»Ich würde gerne mal eine richtige Prinzessin sehen«, sagt Mila.

Papa kratzt sich nachdenklich am Kinn. »Gut, dann machen wir das jetzt.«

»Hä?« Verwirrt schaut Mila zu ihm hoch, und Papa grinst.

»Heute Nacht soll es ganz viele Sternschnuppen geben. Und Sternschnuppen sind in Wirklichkeit Himmels-Prinzessinnen.«

»Echte Himmels-Prinzessinnen?«, wiederholt Mila. Das klingt ja aufregend.

Papa nickt. »Wenn du eine Sternschnuppe siehst, dann ist das in Wirklichkeit eine tanzende Prinzessin. Sie wirbelt ihr glitzerndes Kleid herum und verliert dabei ganz viel Sternenstaub. Das ist der Schweif, den du als schimmernden Streifen erkennen kannst. Warte kurz, ich hole uns einen Kakao, und dann beobachten wir den Himmel.«

Wenig später sitzen die beiden mit zwei dampfenden Tassen Kakao vor dem offenen Fenster. Draußen ist es schon ganz dunkel. Der Mond ist schmal und nicht besonders hell. Überall um ihn herum funkeln kleine gelbe Sterne.

»Oh«, ruft Mila plötzlich. »Da war eine Sternschnuppen-Prinzessin.«

Gespannt wartet sie auf weitere Schnuppen aus Sternenstaub, aber nichts passiert. Der Mond bewegt sich nicht, und die funkelnden gelben Punkte stecken genauso fest wie Knöpfe an einer Bluse. Das Warten macht Mila ein bisschen müde. Sie gähnt, und ihre Augen werden immer schwerer. Plötzlich zischt wieder eine Sternschnuppe vorbei, und gleich danach noch eine und noch eine. Ein funkelnder Lichterregen flimmert durch die schwarze Nacht.

»Oh«, murmelt Mila. »Die tanzen ja wie verrückt.« Sie stellt sich vor, wie die Himmels-Prinzessinnen den Sternenstaub aufwirbeln. Wie sie sich drehen und wenden, herumschwingen und dann wieder verschwinden. Schade, dass es immer nur so kurz dauert und die Lichter gleich wieder verglühen.

Da muss man sich wirklich konzentrieren. Sie gähnt noch einmal. Papa legt seinen warmen Arm um Mila, und sie kuschelt sich glücklich hinein. Das ist richtig gemütlich. Irgendwann fallen Mila die Augen zu. Und als Papa sie vorsichtig zudeckt, träumt sie schon tief und fest von einem zauberhaften Himmels-Prinzessinnen-Sternschnuppen-Ball direkt über ihrem Bett.

Mascha Matysiak studierte Germanistik, Spanisch und Kunstgeschichte. Nach ihrem Abschluss las sie Berge von Kinder- und Jugendbüchern und begann auch selbst zu schreiben. Inzwischen sind mehrere Bücher von ihr erschienen. Außerdem arbeitet sie in einer Schulbibliothek und gibt Kurse im Kreativen Schreiben. Die Autorin lebt mit ihrer Familie in ihrer Lieblingsstadt Berlin.

Monika Parciak studierte Kommunikationsdesign an der FH Düsseldorf. Seit ihrem Abschluss arbeitet sie freiberuflich als Illustratorin und Grafikdesignerin. Sie zeichnet, arbeitet und lebt im schönen Rhein-Kreis Neuss.

Vorlesen macht glücklich!
Für jede Gelegenheit die richtige Geschichte

ISBN 978-3-7707-2953-1
Ab 3 Jahren

ISBN 978-3-7707-2822-0
Ab 5 Jahren

ISBN 978-3-7707-2919-7
Ab 3 Jahren

ISBN 978-3-7707-4021-5
Ab 4 Jahren

ISBN 978-3-7707-2647-9
Ab 4 Jahren

ISBN 978-3-7707-2468-0
Ab 3 Jahren

ISBN 978-3-7707-2501-4
Ab 4 Jahren

Weitere Informationen unter **www.ellermann.de**

ellermann
DER VORLESEVERLAG